W0065856

Carl-Jürgen Diem

Tipps für Laufanfänger

Meyer & Meyer Verlag

Die Deutsche Bibliothek – CIP Einheitsaufnahme

Diem, Carl-Jürgen:
Tips für Laufanfänger / Carl-Jürgen Diem.
– 6. Auflage
– Aachen : Meyer und Meyer, 2000
(Reihe Tips für ...)
ISBN 3-89124-683-8

© 2000 by Meyer & Meyer Verlag, Aachen
Olten, Wien, Oxford, Québec, Lansing/Michigan,
Findon/Adelaide, Auckland, Sandton/Johannesburg, Budapest
Member of the World
Sportpublishers' Association (WSA)
Titelfoto: Polar Electro GmbH, Büttelborn
Lektorat: Dr. Irmgard Jaeger, Aachen
Umschlaggestaltung: Birgit Engelen, Stolberg
Umschlag- und Satzbelichtung, Lithos: frw, Reiner Wahlen, Aachen
Druck: Burg Verlag Gastinger GmbH, Stolberg
Printed in Germany
ISEN 3-89124-683-8
E-Mail: verlag@meyer-meyer-sports.com

Inhaltsverzeichnis

Wegweiser

Dem Inhaltsverzeichnis können Sie die Gliederung dieses Buches entnehmen. Die **Kapitel** sowie die meisten Unterkapitel sind **in sich abgeschlossen**. Sie können, wenn Sie ein Kapitel erst später lesen wollen, dieses überspringen und sofort zu den nachfolgenden gehen. Die Wegweiser soll Ihnen dazu eine Orientierungshilfe geben.

Im Vorwort wird beschrieben, wie es zu diesem Buch kam und welche Ziele das Buch hat. Im 1. Kapitel wird aufgezeigt, dass Laufen zu den heute wohl wichtigsten Bewegungstherapien zählt und welche positiven Auswirkungen sinnvoll betriebenes Ausdauertraining auf unsere Fitness und Gesundheit hat.

Nach dieser Einleitung können Sie wählen, ob Sie so weiterlesen wollen, wie es sich der Autor wünscht oder ob Sie sagen, den Grundlagenteil über die Energiebereitstellung (Kapitel 2) lese ich erst später. In diesem Fall gehen Sie zum Kapitel 3. Dort finden Sie Tipps für den Einstieg zum Ausdauertraining, d.h. Hinweise zu Laufpartnern und zur Kleidung, Witterung, Streckenwahl, Lauftechnik, Trainingshäufigkeit etc. Anleitungen zur richtigen Atmung beim Laufen erhalten Sie im daran anschließenden Kapitel 4.

Das 2. Kapitel befasst sich, wie bereits gesagt, mit den Grundlagen der Energiebereitstellung beim Laufen. Der Autor hat dieses Kapitel bewusst vor die eigentlichen Tipps gestellt, da das Verständnis dieser Vorgänge eine optimale Voraussetzung für ein effizientes Ausdauertraining bietet. Die bei der Energieumsetzung stattfindenden Prozesse werden so vereinfacht dargestellt und gleichzeitig auf die zum Verständnis notwendigen Vorgänge reduziert, damit sie für den medizinischen Laien nachvollziehbar sind. Wer sich mit diesem Thema zum ersten Mal auseinander setzt, sollte das Kapitel mehrfach lesen.

In diesem Kapitel werden auch die heute für eine Trainingssteuerung zur Verfügung stehenden technischen Hilfsmittel zur Puls- und Laktatmessung beschrieben. Mit ihrem Einsatz ist es heute möglich, auch im Einsteiger- und Breitensportbereich Hinweise für die richtige Belastungsdosierung zu geben. Die Leser sollten diese Möglichkeiten kennen. Ob und in welcher Ausstattung sich ein Anfänger solche Trainingshilfen anschaffen will, hängt von seinen Ambitionen ab.

Um gesundheitliche Fragen, Verletzungen und Überlastungen geht es in den Kapiteln 5 und 6.

Hinweise für die richtige Laufschuhauswahl erhalten Sie im 7. Kapitel. *„Kann man durch Laufen abnehmen?"* Diese Frage wird in Kapitel 8 im Zusammenhang mit Ernährungs- und Diäthinweisen beantwortet.

Im 9. Kapitel wird das wichtige Thema Ausgleichsgymnastik behandelt, zu dem Sie im Anhang auch spezielle Dehn- und Bauchmuskelkräftigungsübungen finden.

Vorwort

Für meinen Vater war der tägliche Waldlauf eine Selbstverständlichkeit. Als Junge habe ich ihn dabei ab und zu begleitet. Diese gelegentlichen Läufe habe ich zwar auch später beibehalten, doch Hockey, Handball und Volleyball machten mir lange Zeit mehr Spaß. Als dann Mitte der 60er Jahre die Volksläufe aufkamen, wurde mir in sehr drastischer Form demonstriert, was Ausdauerkondition bedeutet. Damals zogen mir, dem etwas übergewichtig gewordenen 30-Jährigen, die fitten „Opas", d.h. die 50- und 60-Jährigen, leicht und locker davon. Das war nicht nur der Anstoß für mein regelmäßiges Lauftraining, sondern auch die Basis dafür, dass ich mich heute ebenfalls zu den fitten 60ern zählen darf.

1974 wurde der DARMSTÄDTER LAUF-TREFF von Heinrich PETERS und Walter SCHWEBEL gegründet. Von dieser Idee war ich begeistert, denn dort fand ich endlich gleich starke Trainingspartner. Bis dahin musste ich fast immer alleine trainieren, denn die meisten meiner Kollegen und Freunde haben nach dem ersten Versuch wieder gepasst. Auch meine Frau hat es nur einmal gewagt, mit mir zu laufen. Nach knapp zwei Kilometern war sie außer Puste und total übersäuert. – Für mich damals noch völlig unverständlich.

Die LAUF-TREFF-Idee mit ihrem Trainingsangebot an die ganze Familie zur gleichen Zeit und am gleichen Ort, dennoch für jeden entsprechend seinem Leistungsvermögen, empfanden wir als ein verlockendes Angebot. Bis dahin war jeden Abend immer einer aus der Familie zum Sport außer Haus gewesen.

Meine Frau wagte einen neuen Versuch, schließlich gab es beim LAUF-TREFF eine Anfängergruppe. Doch auch dieser Versuch scheiterte hoffnungslos, denn der damalige Gruppenleiter glaubte, er müsse den Anfängern als Erstes unseren steilsten Weg zeigen.

Dieser Misserfolg meiner Frau bildete den Grundstein für dieses Buch. Ich entschloss mich, nachdem ich bereits Gruppenleiter war und Wettkampferfahrung bis hin zum Marathon besaß, die Anfängerbetreuung selbst zu übernehmen. Ich stellte sie unter das Motto:
„Wenn der Anfänger den Mut hat, zu mir zu kommen, muss ich ihm als Gruppenleiter beweisen, dass er es schafft und sein Mut richtig war."

Am Anfang war es nicht ganz einfach, aber ich bekam auch Hilfe. In Werner WITTERSHEIM z.B., der durch seine Lehrtätigkeit im Versehrtensport über viel Erfahrung auf dem Herz-Kreislauf-Sektor verfügte, hatte ich einen sehr guten Diskussionspartner bei der Umsetzung der Theorie in die Praxis. Dank gilt auch Dr. Johannes ARNDT, der sich über lange Jahre ebenfalls in der Anfängerbetreuung engagierte und neben anderen Gruppenleitern unseres LAUF-TREFFs entscheidend mithalf, mein Konzept zu verwirklichen.

Eine ganz besondere Anerkennung aber gilt meiner Frau, denn sie hat nicht nur einen dritten Versuch gewagt, sondern von da an gemeinsam mit mir alle Überlegungen in der Praxis erprobt. Sie hat aber auch ihr persönliches Ziel erreicht, nämlich so gut zu werden, dass wir gemeinsam laufen können, ohne dass es für sie zu schnell und für mich zu langsam ist.

20 Jahre habe ich jetzt die Anfänger des DARMSTÄDTER LAUF-TREFFs betreut. Diese Aufgabe, von manchen als Last empfunden, war für mich jedes Mal wieder ein neues Erfolgserlebnis. Die strahlenden Augen und das Dankeschön eines völlig Untrainierten – oft übergewichtig und kurzatmig, gelegentlich sogar behindert –, der es geschafft hat, mit mir eine Stunde lang im Wechsel zu traben und zu gehen, wiegen die entgangenen eigenen Trainingseinheiten mehr als auf.

Dieses Buch soll dem Anfänger zeigen, dass es sinnvoller und erfolgreicher ist, mit einem langsamen Traben und lohnenden (Geh-)Pausen zu beginnen, anstatt zu rennen, so wie es uns von der Schule her bekannt ist und im Fernsehen als Vorbild gezeigt wird.

Erfahrene Läufer können diesem Buch Wissenswertes über die Energiebereitstellung und damit Hinweise zur eigenen Trainingsoptimierung entnehmen.

Gleichzeitig möchte ich die Gruppenleiter der LAUF-TREFFs, insbesondere diejenigen der Anfängergruppen ansprechen, denn die Anfängerbetreuung stellt den Schlüssel zum Erfolg eines guten LAUF-TREFFs dar.

Carl-Jürgen Diem

1 Laufen als Bewegungstherapie

1.1 Wie kam es dazu?

Warum findet der Waldlauf (das Joggen) heute einen so großen Zuspruch? Wir fuhren jahrelang nur mit dem Auto, mit dem Aufzug und mit dem Schulbus. Wer bewegte sich noch zu Fuß? Dabei brauchen wir Menschen die Bewegung, denn unser Organismus ist darauf ausgerichtet.

Die Folgen dieser Bewegungsarmut sind unsere heutigen Zivilisationskrankheiten: Herz-Kreislauf-Probleme, insbesondere Bluthochdruck, Diabetes, Verdauungsstörungen und vieles mehr. Sie waren nach dem Krieg, als es keine Autos und wenig öffentliche Verkehrsmittel und auch kein Übergewicht durch zu reichliches Essen gab, weitgehend unbekannt.

Wussten Sie eigentlich, dass der Waldlauf (das Jogging) gar keine amerikanische, sondern eine deutsche Erfindung ist?

Fernsehn
Filzpantoffeln
Flaschenbier
Filterzigaretten

Zu ihren Vätern gehörten:

- Der große Sportpädagoge Carl DIEM, der bereits 1907 im Berliner Grunewald Freitag abends mit seinen Freunden einen LAUF-TREFF veranstaltete, bei dem der Langsamste das Tempo bestimmte.
- Der Arzt Dr. Ernst VAN AAKEN, der mit der Bewegungstherapie *Laufen* hervorragende Heilerfolge erzielte und gleichzeitig die Behauptung widerlegte, dass Frauen und Kindern langes Laufen schade. Die hervorragende Ausdauerfähigkeit der Frau ist dank VAN AAKEN heute weltweit anerkannt. Um den Nachweis, dass das Kind ebenso ausdauernd sein kann, kämpfte er noch bis zu seinem Tode.
- Der Unternehmer Enzio BUSCHE, der bei einigen seiner Mitarbeiter beobachtet hatte, wie Ausdauertraining die allgemeine Leistungsfähigkeit verbesserte. Er rief daraufhin 1974 zur Bildung von LAUF-TREFFs auf. Seine Idee wurde vom Deutschen Sportbund aufgegriffen und stellt heute eine riesige Bewegung dar, bei der sich auch etwas *bewegt* – der Mensch selbst.

► Arthur LAMBERT, Leichtathletiktrainer und jahrelanger Motor der „Interessengemeinschaft Älterer Langstreckenläufer", der durch sein tägliches Lauftraining so gesund und vital war, dass er mit 90 Jahren an Krebs operiert werden konnte und wenige Wochen später sein tägliches Lauftraining wieder aufnahm.

Emil ZATOPEK, das große Vorbild als Mensch und Läufer, hat einmal den treffenden Ausspruch getan: *„Der Vogel fliegt, der Fisch schwimmt und der Mensch läuft."*

Laufen stellt neben dem Gehen die einfachste und natürlichste Form der Bewegung dar. Beobachten Sie einmal kleine Kinder: sie „laufen" normalerweise und „gehen" nur selten.

Wenn ich vom **Laufen** spreche, meine ich kein Wettrennen, wie es uns üblicherweise gezeigt bzw. praktiziert wird. Effizientes Ausdauertraining im Einsteiger- und Breitensportbereich soll zwischen 60 und 80% des maximal möglichen Lauftempos stattfinden. Sie werden überrascht sein, wie langsam Ihnen dieses Lauftempo vorkommt. Dieses langsame Tempo als das Richtige zu akzeptieren, scheint der schwierigste Lernprozess für die Läufer insgesamt zu sein, denn weit mehr als die Hälfte trainiert in einem zu hohen Intensitätsbereich und damit ineffizient.

 Als einfachste Faustformel für das richtige Trainingstempo gilt: **So lange Sie sich bei einem Lauf noch unterhalten können, trainieren Sie richtig! Wenn Ihnen dazu die Puste fehlt, „rennen" Sie.**

Diese Unterscheidung zwischen Laufen (Joggen) und Rennen ist von größter Bedeutung. Der Gesundheitseffekt des Laufens auf unser Herz-Kreislauf- und Immunsystem wird heute von niemandem mehr bestritten. Im Gegenteil: Ganz langsames Laufen (Traben) gehört heute nicht nur zu den ersten und wichtigsten Rehabilitationsmaßnahmen nach einem Herzinfarkt, sondern sportorientierte Ärzte weisen darauf hin, dass durch richtig betriebenes Ausdauertraining sieben von acht Herzinfarkten vermieden werden könnten.

In den Kapiteln über Energiebereitstellung und Pulsfrequenz werde ich ausführlich darauf eingehen, was bei den einzelnen Laufgeschwindigkeiten in Ihrem Körper passiert und welche Möglichkeiten heute für eine optimale Belastungssteuerung vorhanden sind.

1.2 Was ist unter Ausdauertraining zu verstehen?

Der Begriff „Ausdauer" umfasst sehr unterschiedliche Fähigkeiten: Ausdauer kann man sowohl beim Fernsehen als auch beim Sitzen in der Kneipe haben. Ausdauervermögen braucht der Eiskunstläufer, um seine fünfminütige Kür zu vollenden genauso wie der alpine Abfahrtsrennläufer, um nach zwei Minuten „Pistenjagd" das Ziel zu erreichen.

In der Sportfachliteratur wird die Ausdauer in drei Zeitbereiche unterteilt. Da sich dieses Buch mit dem Laufen befasst, soll der Begriff **Ausdauer beim Laufen** definiert werden. Dabei ist unbedingt zu beachten, dass ein Ausdauertraining immer eine Aufwärmphase voraussetzt (s. Kapitel 2.7 „Warmlaufen"), die mindestens 30 Minuten dauert, erst danach kann – sofern man im angestrebten Belastungsniveau trainiert – mit einem Ausdauertraining begonnen werden. Die Zeitbereiche unterteilen sich in eine:

1. Kurzzeitausdauer, d.h. Ausdauerleistungen von 35 Sekunden bis zwei Minuten,
   z.B. 400 m- und 800 m-Läufe.
2. Mittelzeitausdauer, d.h. Ausdauerleistungen von 2-10 Minuten,
   z.B. 1.000 m- bis 3.000 m-Läufe.
3. Langzeitausdauer, d.h. Ausdauerleistungen über zehn Minuten.
   Die Fachliteratur unterteilt diesen Bereich noch einmal in Ausdauerleistungen > 10 min, > 35 min und > 90 min.

Im nachfolgenden Kapitel sind die positiven Auswirkungen des Ausdauerlauftrainings beschrieben. Sie setzen eine **mindestens 60-minütige Trainingsdauer** voraus, die sich aus einer Aufwärmphase (ca. 30 min.) und einer 30- bis 90-minütigen Ausdauertrainingsphase im Fettstoffwechsel zusammensetzt. Die Trainingsdauer von einer Stunde, wie sie z.B. bei LAUF-TREFFs praktiziert wird, stellt dabei eine gewisse Optimierung zwischen dem Gesamtzeitaufwand einschließlich Umziehen, Duschen etc. und dem Trainingseffekt dar.

Dieses Buch richtet sich sowohl an alle Einsteiger, die ihre Fitness und Ausdauerfähigkeit im Langzeitausdauerbereich möglichst effizient verbessern wollen, als auch an trainierte Läufer bzw. LAUF-TREFF-Teilnehmer, die etwas mehr über Trainingsgrundlagen wissen wollen und/oder ihr bisheriges Training auf eine effizientere Basis stellen wollen.

1.3 Die positiven Auswirkungen des Lauftrainings

Das Lauftraining ist die einfachste und wirkungsvollste Form des Ausdauertrainings. Will man mit einer anderen Sportart, z.B. mit Rad fahren, den gleichen Herz-Kreislauf-Trainingseffekt erzielen, so muss man normalerweise doppelt so lange Rad fahren, da der Kalorienverbrauch geringer ist. Dies hängt mit der Menge und Intensität der für diese Sportart benötigten Muskelfunktionen zusammen.

Worin bestehen die wichtigsten positiven Auswirkungen, die durch das Laufen hervorgerufen werden?

▶ Bei regelmäßigem Ausdauertraining kräftigt sich die Herzmuskulatur. Das Herz wird dadurch leistungsfähiger und das Herzinfarktrisiko sinkt.

▶ Das leistungsfähigere Herz kann pro Herzschlag mehr Blut in den Körper pumpen, dadurch vermindert sich die Herzfrequenz. – Bildlich gesprochen wird aus einem Kleinwagenmotor ein Sechszylinder mit großer Leistung.

▶ Der Ruhepuls erniedrigt sich. Dadurch vergrößert sich die Pulsbandbreite zwischen dem Ruhepuls und dem Maximalpuls bei höchster Belastung. Das Herz gewinnt an Elastizität.

▶ Die Durchblutung unseres Herzmuskels wird durch Vergrößerung bzw. Öffnung der Koronarien, d.h. der feinen Verästelungen der Arterien, verbessert.

▶ Wir lernen wieder tiefes Durchatmen bis in die Lungenspitzen. Dadurch wird der Sauerstoffaustausch als Voraussetzung für die Sauerstoffversorgung unseres Blutes verbessert.

▶ Die Sauerstoffbindungsfähigkeit des Blutes (Hämoglobins) sowie die Sauerstoffabgabe in der Muskelzelle wird trainiert. Dies führt zu einer verbesserten, d.h. schnelleren Sauerstoffversorgung der Muskulatur.

▶ Der Blutdruck, sowohl der zu hohe als auch der zu niedrige, wird positiv beeinflusst. Dadurch verringern sich auch die Neigungen zu Kopfschmerzen und Schwindelgefühlen.

▶ Die Venenaktivität verbessert sich. Dies wirkt Krampfadern entgegen.

▶ Parallel zur Kräftigung der Bein- und Rückenmuskeln festigt sich bei regelmäßigem Laufen (mindestens zweimal wöchentlich) auch das Bindegewebe, wodurch sich insbesondere am Po und den Oberschenkeln die gefürchtete Zellulitis (Orangenhaut) verringert oder sogar ganz verschwindet.

▶ Durch regelmäßiges Laufen (mindestens zweimal wöchentlich) bringen Sie Ihre Verdauung so in Ordnung, dass Sie auf Abführmittel verzichten können.

▶ Bestimmte Giftstoffe, vor allem die Schwermetalle wie z.B. Blei, scheidet der Körper überwiegend durch Schwitzen aus – ähnlich wie in der Sauna. Nur, dort belasten Sie Ihr Herz, beim Laufen trainieren Sie es.

▶ Laufen bedeutet Bewegung. Bewegung regt den Stoffwechsel an und wirkt damit vielen Beschwerden (Kopfschmerzen, Schlaf- und Verdauungsstörungen, zu hohem Cholesterinspiegel usw.) entgegen, die auf der heute allgemein verbreiteten Bewegungsarmut beruhen.

▶ Wenn Sie sich daran gewöhnt haben, bei jedem Wetter zu laufen und ein paar Regeln beachten, die noch im Einzelnen aufgezeigt werden, gehören Frühjahrs- und Herbsterkältungen der Vergangenheit an.

▶ Neben der medizinischen gibt es eine mindestens genauso wichtige psychologische Seite: den Entspannungseffekt. Durch die körperliche Bewegung, das Warmwerden der Muskulatur und die gute Sauerstoffversorgung aller Körperzellen, insbesondere der Gehirnzellen, tritt durch die vom Körper mit ihrer euphorischen Wirkung produzierten ß-Endorphine ein Entspannungsprozsses ein.

Stress, Ärger, schlechte Laune etc. werden abgebaut. – Ich kann noch so verärgert sein, nach einer Stunde Waldlauf bin ich entspannt, friedlich und lasse meine schlechte Laune nicht mehr an meinen Kindern oder meiner Frau aus.

➤ Das Wichtigste ist jedoch der Spaß, die Freude an der eigenen Leistungsfähigkeit. Sehr viele Läufer beginnen erst mit etwa 40 Jahren mit dem Lauftraining. Manche von ihnen haben in der Jugend kaum und in den letzten 20 Jahren keinen Sport getrieben. Nun entdecken sie plötzlich, dass Sport Spaß machen kann, und viele erleben nun eine bisher nicht gekannte Leistungsfähigkeit.

1.4 Medizinische Vorbehalte

Wenn Laufen Spaß macht und so viele medizinische Vorteile beinhaltet, warum hören und lesen wir immer wieder von Ärzten, die warnend den Zeigefinger erheben? Der Anteil der Mediziner, die Ausdauertraining empfehlen, ist, wie jüngst eine umfangreiche Studie gezeigt hat, noch sehr gering, – aber im Wachsen begriffen.

Die Vorbehalte sind die Folge unserer medizinischen Aus- und Weiterbildung, in der die Sportmedizin und damit alle Dinge, die etwas mit der natürlichen Bewegung des Menschen zu tun haben, viel zu kurz kommen. – Hinterfragen Sie deshalb jedes Bewegungs- bzw. Laufverbot sehr kritisch. – Denn: „Würden Sie jemand etwas als Therapie empfehlen, das Sie nicht selbst kennen gelernt haben? – Warum sollte es ein Arzt tun?"

Dennoch gibt es berechtigte Mahnungen, z.B. bei akuten Erkrankungen oder vor allem aus der Sicht der Orthopäden, wenn sie unsere Gelenke und Füße sowie den Boden, auf dem wir laufen, betreffen.

Viele Warnungen kommen aus den USA. Dort wird hauptsächlich auf hartem Untergrund, z.B. Beton und Asphalt, gelaufen, während bei uns die Waldwege mit fast 70% überwiegen. Zur Schonung der Gelenke und Kompensation von Fußfehlstellungen (z.B. von Senk-, Spreiz- und Knickfüßen) benötigt der Läufer einen guten Laufschuh.

Leider vernachlässigen viele Läufer dieses wirklich wichtige *Kleidungsstück* – darin lauert eine echte Gefahr (s. Kapitel 7 „Der richtige Laufschuh").

Doch vernünftig getrabt und mit geeignetem Schuhwerk ausgerüstet, ergibt sich ein ganz klares **JA** zum Laufen. Damit dieses Ja auch für Sie zur schönsten Nebensache der Welt – ohne Nebenwirkungen – wird, sollen Ihnen die folgenden Tipps helfen. Ihr größter Gegner ist Ihr innerer „Schweinehund"; ihn gilt es häufig zu überlisten, damit er Sie nicht vom Laufen abhält.

2 Lauftempo, Intensität und Energiebereitstellung

Laufen ist eine der einfachsten Sportarten. Als Ausrüstung benötigen Sie – sofern Sie nicht barfuß laufen – nur ein Paar geeignete Laufschuhe (s. Kapitel 7) und der Jahreszeit entsprechende Kleidung.

In diesem Kapitel möchte ich Sie mit den wichtigsten Reaktionen in Ihrem Körper vertraut machen. Sich mit ihrer Funktion und ihrem Zusammenspiel zu befassen, ist nicht nur hochinteressant und spannend, es ermöglicht uns auch, die heute vorliegenden Erkenntnisse für ein effizientes Ausdauertraining in verhältnismäßig einfacher und verständlicher Weise in die Praxis umzusetzen. In diesem Zusammenhang werde ich Ihnen auch einige technische Hilfsmittel aufzeigen, die uns heute zur Trainingssteuerung zur Verfügung stehen.

Mir geht es dabei weder um Perfektion noch um Fanatismus. In erster Linie muss Laufen als Ausdauertraining Spaß machen. Doch soll es m. E. sinnvoll und wirkungsvoll betrieben werden. In der täglichen Praxis zeigt sich immer wieder, dass diejenigen, die sich nur auf ihre Gefühle, auf Erinnerungen aus der Schulzeit oder auf das Motto: „Viel hilft viel" verlassen, viel zu intensiv und damit sehr uneffizient trainieren.

Beginnen wir mit der Energiebereitstellung. Zum Laufen benötigen wir Energie. Sie gewinnen wir aus der Nahrungsaufnahme. Dabei dienen die Kohlenhydrate und das Fett der Muskulatur als Energiebausteine, das Eiweiß zum Aufbau der Zellen und die Vitamine, Mineralstoffe sowie die Enzyme als wichtige Hilfs- und Betriebsstoffe des Körpers.

Lassen Sie sich hineinführen:
- in die Regulationsmechanismen Ihres Körpers,
- in die Aufgaben des Sauerstoffs,
- in die Entstehung und Aussagemöglichkeit der Menge der beim Laufen angefallenen Milchsäure,
- in Ihren Ruhe- und Maximalpuls sowie über den Zusammenhang mit Ihrem Trainingszustand,
- wie Sie Ihr richtiges Lauftempo über Ihren Puls finden können.

2.1 Die Muskelzelle

Die Versorgung der Muskelzelle mit Kohlenhydraten, Fettsäuren, Enzymen, Sauerstoff etc. erfolgt über das arterielle Blut in den Arterien, die Entsorgung der entstandenen Abfallstoffe H_2O, CO_2, Milchsäure etc. über das venöse Blut in den Venen.

Die Energieumsetzung erfolgt in der Muskelzelle. Für die Energieumsetzung ist die Anzahl der vorhandenen Muskelkraftwerke (Mitochondrien) von großer Bedeutung. Durch Ausdauertraining erhöht sich ihre Zahl und verbessert damit die Leistungsfähigkeit des Muskels. Ihre Funktion bzw. was in ihnen passiert, wird in den Abbildungen 2a-c erläutert. Die Abbildung 1 soll Ihnen in Form einer Prinzipskizze die wichtigsten Elemente der Muskelzelle aufzeigen.

Abbildung 1:
Prinzipskizze der Muskelzelle mit den Muskelkraftwerken (Mitochondrien), in denen die Energiegewinnung auf aerobem Wege stattfindet. In der Muskelzelle sind Kohlenhydrat- (Glykogen-) und Fett-säuredepots angelegt. Die Zahl der Mitochondrien, wie auch die Größe der Depots, richtet sich nach dem Trainingszustand des Läufers.

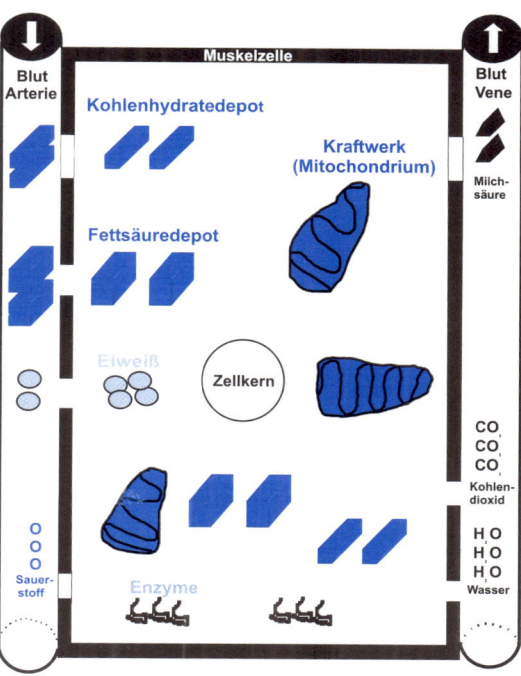

19

2.2 Die Aufgaben des Sauerstoffs bei der Energieumsetzung

Der Muskel gewinnt seine Arbeitsenergie, d.h. die Energie, um sich zusammenziehen zu können, aus der bei der Spaltung von Kohlenhydrat- und Fettsäuremolekülen freiwerdenden Bindungsenergie. – Durchaus vergleichbar mit der Gewinnung der Atomenergie: dort wird durch die Spaltung von Atomen Energie frei.

Auf die Darstellung der chemischen Formeln für den gesamten Vorgang bei der Energieumsetzung kann der Vereinfachung wegen hier verzichtet werden. Doch für das weitere Verständnis ist Folgendes wichtig:

➤ Bei jeder Spaltung wird Bindungsenergie frei, die der Muskel in eine Kontraktion (Zusammenziehen) umsetzen kann.

➤ Gleichzeitig fällt bei jeder Spaltung auch ein **Wasserstoffatom H** an, das aus der Muskelzelle „entsorgt" werden muss.

➤ Diese Aufgabe übernimmt der Sauerstoff **O**, der den Wasserstoff **H** in Form von Wasser H_2O bindet. Diese Verbindung ist jedoch nur innerhalb der Muskelkraftwerke möglich. Dort wird der Wasserstoff so lange an einem Wasserstoffträger aufbewahrt (zwischengelagert), bis ein Sauerstoffatom kommt, sich mit ihm zu Wasser verbindet und es auf diese Weise abholt.

➤ Die Zahl der Wasserstoffträger ist sehr begrenzt. Das Vorhandensein freier Wasserstoffträger ist jedoch für bestimmte Spaltungswege eine zwingende Voraussetzung.

➤ Somit steuert das momentane Sauerstoffangebot in jedem Kraftwerk einzeln die Möglichkeiten der Energieumsetzung.

2.3 Energieumsetzung

Die Muskelzelle hat drei Möglichkeiten zur Energieumsetzung. Welche sie nutzt bzw. benutzen kann, hängt von der momentanen Sauerstoffversorgung in jedem einzelnen Muskelkraftwerk (Mitochondrium) und von den vorhandenen Energiereserven ab.

Der Läufer kann zwar die Sauerstoffversorgung nicht direkt steuern, sie wird aber von der Qualität seiner Aufwärmphase (s. Kapitel 2.7 „Warmlaufen") sowie von seinem Lauftempo bzw. seiner Laufintensität stark beeinflusst.

Die ersten beiden Möglichkeiten der Energiebereitstellung beruhen auf der Spaltung eines Kohlenhydratmoleküls, die sowohl ohne Sauerstoff (Abbildung 2a) wie auch mit Sauerstoff (Abbildung 2b) möglich ist. Dazu verfügt der Körper sowohl innerhalb als auch außerhalb der Muskelzelle über begrenzte Kohlenhydratdepots (= Glykogendepots), die durch Ausdauertraining nur in geringem Umfang vergrößert werden können. Sind sie geleert, können sportliche Leistungen nicht mehr erbracht werden.

Beim dritten Weg (Abbildung 2c) werden Fettsäuremoleküle gespalten, die zuvor aus Fett gewonnen werden müssen. Über Fettreserven verfügt jeder, auch noch so schlanke Körper, in ausreichender Menge. Bei vielen ist es, wie der Blick auf die Waage zeigt, im Übermaß vorhanden. Der Körper trennt sich von seinen Fettreserven nur, wenn eine Mangelversorgung vorliegt, z.B. bei Fastenkuren oder bei intensiviertem Fettsäurebedarf, z.B. bei regelmäßigem Ausdauertraining. D.h., der Umwandlungsprozess von Fett in Fettsäuren ist trainierbar bzw. muss trainiert werden.

2.4 Die drei Wege der Energieumsetzung

1. Durch einmalige Spaltung eines Kohlenhydrats **ohne** ausreichende Sauerstoffversorgung
   = **anaerober** Kohlenhydratstoffwechsel (Abbildung 2a).

2. Durch vollständige Spaltung eines Kohlenhydrats **mit** ausreichender Sauerstoffversorgung
   = **aerober** Kohlenhydratstoffwechsel (Abbildung 2b).

3. Durch vollständige Spaltung von Fettsäuren bei **erhöhtem** Sauerstoffangebot
   = **aerober** Fettstoffwechsel (Abbildung 2c).

Diesen Weg muss der Körper grundsätzlich gehen, wenn ein Muskel zu arbeiten beginnt und der Sauerstoffnachschub noch nicht ausreicht. In diesem Fall wird das ringförmige Kohlenhydratmolekül nur einmal in zwei Teile gespalten. Die beiden bei dieser Spaltung anfallenden Wasserstoffatome werden, da in den Muskelkraftwerken schon nach weni-

zu 1.

gen Spaltungen keine freien Wasserstoffträger mehr vorhanden sind, an die beiden Spaltprodukte (Brenztraubensäure) angelagert. Es entsteht Milchsäure **(Laktat)**. (Hinweis: Milchsäure hat nichts mit Muskelkater zu tun – s. Kapitel 5.6 „Muskelkater".)

Die Milchsäure wird aus der Muskelzelle in den venösen Blutkreislauf abgegeben und säuert dort das Blut. Diese Säuerung des Blutes löst dann über unser Zentralnervensystem u.a. eine verstärkte Atmung und Herztätigkeit aus, um durch eine vermehrte Blutzufuhr das Sauerstoffangebot in der arbeitenden Muskulatur zu erhöhen (weitere Details in Kapitel 2.7 „Warmlaufen").

Da das Kohlenhydratmolekül nur einmal gespalten wurde, konnte nur 5% seiner Bindungsenergie genutzt werden. Die restlichen 95% der Bindungsenergie verbleiben ungenutzt als Milchsäure und stehen dem Läufer während der Trainingseinheit bzw. des Wettkampfes nicht mehr zur Verfügung. – Die Milchsäure gelangt über den Blutkreislauf in die Leber, in der sie dann innerhalb der nächsten 24 Stunden wieder in Kohlenhydrate verwandelt wird.

Diese extrem unwirtschaftliche Form ist deshalb nur für kurzzeitige Arbeitsleistungen, z.B. Sprints, oder als Übergang in der Warmlaufphase gedacht.

Dennoch ist es erschreckend, wie häufig man Läufer, meist Alleintrainierende, aber auch LAUF-TREFF-Teilnehmer, beobachtet, die aus Ehrgeiz oder aus falschen Trainingsvorstellungen abgeleitet, jede Trainingseinheit in einem zu hohen Belastungsniveau beginnen und dann auch weiterführen. Sie geben ihrem Körper keine Gelegenheit, aus diesem unwirtschaftlichen und uneffizienten anaeroben Trainingsbereich herauszukommen und in den aeroben Kohlenhydrate- oder Fettstoffwechselbereich überzugehen. – Wir bezeichnen Sie als die „irren Jogger", zu denen auch viele „Trainingsweltmeister" gehören.

Ein einfacher Vergleich soll dies noch verdeutlichen: Ihr Kohlenhydratmolekül sei eine Tafel Schokolade mit 19 Rippchen, die Sie Ihrem Kohlenhydratdepot entnehmen. Wenn Sie sich ohne genügend Sauerstoff auf die Tafel stürzen, können Sie nur ein Rippchen abbeißen und müssen den Rest mit den übrigen 18 Rippchen in den Rucksack auf Ihrem

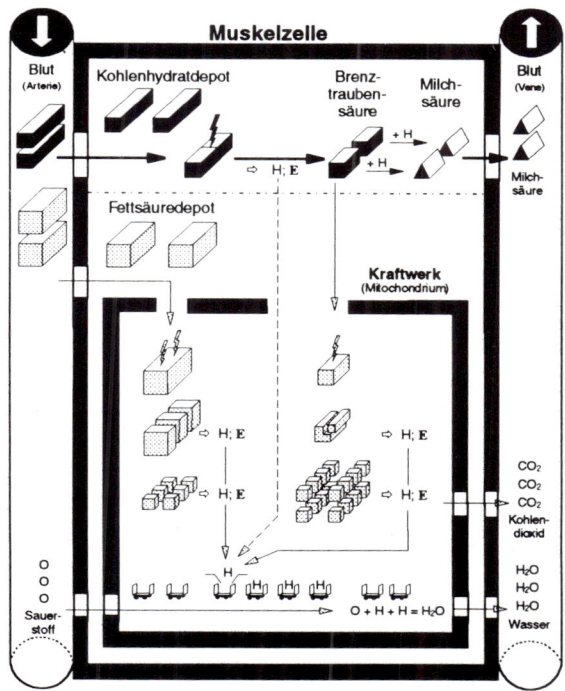

Abbildung 2a:

*Prinzipskizze der **anaeroben** Energiegewinnung durch einmalige Spaltung eines Kohlenhydratmoleküls.*

*Oben: die erste Spaltung eines Kohlenhydratmolekühls (Glykogen) erfolgt nach seiner Aktivierung ↙↙ außerhalb der Kraftwerke. Es entstehen zwei Moleküle Brenztraubensäure. Gleichzeitig wird Bindungsenergie **(E)** und Wasserstoff H_2 frei.*

Da im Kraftwerk (z.Z.) alle Wasserstoffträger ⌣ besetzt sind, müssen die Wasserstoffatome H_2 an die Brenztraubensäuremoleküle angelagert werden. Es entsteht Milchsäure (Laktat), die in die Venen abgegeben wird.

Rücken packen. Wenn Sie weiterhin so *gierig* bleiben, benötigen Sie für jeden neuen Schritt eine weitere Tafel aus Ihren Vorräten, von der Sie jedes Mal nur ein Rippchen abbeißen können. Auf diese Weise leeren Sie mit dem Faktor 18 Ihre Depots in kurzer Zeit – ein Läufer so etwa nach 30-50 Minuten. Gleichzeitig ist Ihr Rucksack voll mit den Resten, die ja, wie die Abbildung 2a zeigt, aus Milchsäure (Laktat) bestehen. D.h., Sie haben in diesem Fall nichts anderes gemacht, als Ihre Kohlenhydratvorräte in Milchsäure umgewandelt und damit Ihre Muskulatur übersäuert. Nun brauchen Sie ca. 24 Stunden, um diesen Vorgang wieder rückgängig zu machen.

Ihr Gefühl mag Ihnen sagen, Sie hätten sich ausbelastet und einen tollen Beitrag für Ihre Fitness erbracht. Doch Ihr Gefühl trügt. Sie haben zwar Ihre Energiedepots geleert, aber nur einen kleinen Teil der Energie verbraucht. Sie haben die meisten Kohlenhydrate nur in Milchsäure umgewandelt und vor allem keine Fettsäuren abgebaut. D.h., **Sie haben weder ein Ausdauertraining betrieben noch mit dem Fettsäureverbrauch die Voraussetzungen für eine Gewichtsreduzierung geschaffen** (s. Kapitel 8 „Ernährung").

Wenn Sie dagegen die Tafel Schokolade mit Hilfe von Sauerstoff genüsslich Rippchen für Rippchen genießen, kommen Sie mit den vorhandenen Kohlenhydraten im Optimalfall 19-mal so weit wie bei der anaeroben Energieumsetzung.

zu 2. Der Übergang von 1. zu 2. ist fließend und von Muskelkraftwerk zu Muskelkraftwerk verschieden. Diese Phase wird auch als Aufwärmphase bezeichnet. Je nach Belastungsintensität und Belastungssteigerung erreicht man die vollständige aerobe Energiebereitstellung aus Kohlenhydraten früher oder später: bei der Wahl des richtigen Anlauftempos nach ca. 30 Minuten (s. auch Kapitel 2.7 „Warmlaufen").

Bei ausreichender Sauerstoffversorgung wird die außerhalb der Kraftwerke begonnene Spaltung der Kohlenhydratmoleküle in deren Innerem fortgesetzt. Wenn alle dabei anfallenden Wasserstoffatome vom Sauerstoff zu Wasser gebunden und entsorgt werden, steigt die Energieausnutzung im Optimalfall auf ca. 95% an, d.h. um den Faktor 19 gegenüber dem anaeroben Kohlenhydratstoffwechsel. – Eine wesentliche Voraussetzung für alle Ausdauerleistungen.

Wird im Verlauf des weiteren Trainings die Belastung wieder über das momentane Sauerstoffangebot hinaus gesteigert, wechselt die Energiebereitstellung automatisch wieder in den anaeroben Bereich zurück.

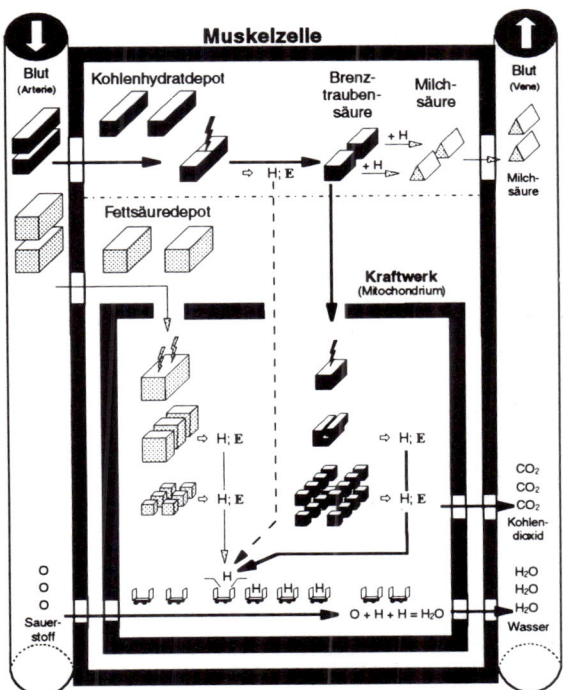

Abbildung 2b:

*Prinzipskizze der **aeroben** Energiegewinnung durch komplette Spaltung eines Kohlenhydratmoleküls im Muskelkraftwerk (Mitochondrium).*

*Mitte rechts: Sind nach der ersten Spaltung des Kohlenhydratmoleküls ausreichend Wasserstoffakzeptoren ⌣ frei, so wird die Brenztraubensäure in das Muskelkraftwerk transportiert und dort in vielen Stufen weiter bis zur völligen Spaltung abgebaut. Bei jeder Spaltung wird Energie **(E)** frei. Der anfallende Wasserstoff H_2 wird mit Sauerstoff zu H_2O, der anfallende Kohlenstoff **C** zu CO_2 gebunden.*

Der Übergang von 2. zu 3. ist genauso fließend wie von 1. zu 2. Er ist ebenfalls von Muskelkraftwerk zu Muskelkraftwerk verschieden. Die Spaltung der Fettsäuremoleküle ist nur innerhalb der Muskelkraftwerke möglich. Gleichzeitig muss ein um **ca. 15% höheres Sauerstoffangebot** als beim aeroben Kohlenhydratstoffwechsel vorhanden sein, da die Fettsäuren mehr Wasserstoffmoleküle enthalten, die es zu binden gilt. **Der Fettstoffwechsel ist der eigentliche Ausdauerstoffwechsel.** Während die Kohlenhydratvorräte im Körper – wie bereits oben ausgeführt – sehr begrenzt und die Speicher nur minimal erweiterungsfähig sind, verfügt der Körper nahezu unbegrenzt über Fettreserven.

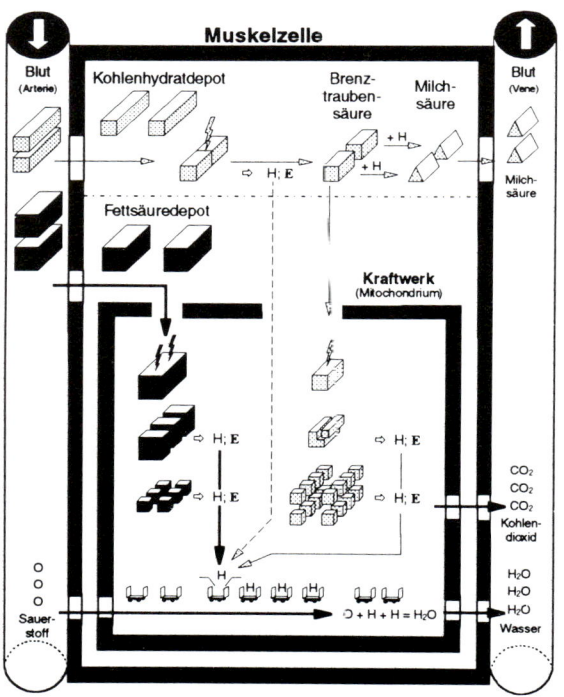

*Abbildung 2c:
Prinzipskizze der aeroben Energiegewinnung aus Fettsäuren.
Links Mitte: Die Fettsäuren können nach ihrer Aktivierung nur im Muskelkraftwerk gespalten werden. Dies setzt automatisch freie Wasserstoffträger und gleichzeitig ein um 15% erhöhtes Sauerstoffangebot voraus, da in den Fettsäuremolekülen mehr Wasserstoff und Kohlenstoff enthalten ist als in Kohlenhydraten. Bei jeder Spaltungsstufe wird Energie (E) frei. Der anfallende Wasserstoff H_2 wird mit Sauerstoff zu H_2O, der anfallende Kohlenstoff C zu CO_2 gebunden.*

Aktiviert wird der Umbau von Fett zu Fettsäuren, wenn die Fettsäuren möglichst bei jeder Ausdauertrainingseinheit **völlig aufgebraucht werden**. Je regelmäßiger sie verbraucht werden, umso mehr wird die Bildung neuer Fettsäuren aktiviert. Dadurch wird Fett abgebaut und gleichzeitig werden die benötigten Fettsäuredepots vergrößert, da der Körper jedes Mal bemüht ist, größere Reserven anzulegen.

Fett zu Fettsäuren umzubauen heißt, Fett abzubauen. Die Voraussetzung dafür ist lange (mindestens 60 Minuten), aber langsam zu laufen.

Wird im Verlauf des weiteren Trainings die Belastung wieder über das momentane Sauerstoffangebot hinaus gesteigert, wechselt die Energiebereitstellung automatisch wieder in den aeroben oder sogar anaeroben Kohlenhydratbereich zurück. – Welcher Weg der Energieumsetzung beschritten wird, regelt das Sauerstoffangebot zur Bindung des Wasserstoffs zu Wasser.

2.5 Die Laktatmessung kann uns helfen

Sie werden – völlig zu Recht – sagen: „Ich will ja nur etwas für meine Fitness tun, was soll das Ganze für mich?" Ich empfehle Ihnen, dennoch weiterzulesen. Denn ich bin weder ein Technikfreak noch jemand, der glaubt, selbst die einfachsten sportlichen Betätigungen, wie z.B. das Laufen, nur dann ausführen zu können, wenn man mit den letzten Finessen der Technik ausgestattet ist.

In diesem Kapitel, wie auch im Nachfolgenden über die Pulsmessung, möchte ich Ihnen auf Grund meiner über 20-jährigen Erfahrung bei der Betreuung von Einsteigern und trainierten Läufern zeigen, wie man mit einfachen technischen Hilfsmitteln unserem Kopf, dem schwächsten Glied bei der Realisierung eines effizienten Ausdauertrainings, helfen kann, einfache, aber häufig begangene Trainingsfehler zu vermeiden.

Ferner möchte ich Sie mit diesen Kapiteln anregen, diese technischen Hilfsmittel auszuprobieren, wenn sich Ihnen die Gelegenheit dazu bietet. Die Laktat- und Pulsmessung erlauben Ihnen, Ihren Trainingszustand zu bestimmen, damit Sie eine Ausgangsbasis für ein effizientes Training haben.

Laktat (Milchsäure) entsteht, wie oben ausführlich dargestellt wurde, bei jeder Muskeltätigkeit ohne ausreichende Sauerstoffversorgung. Für Ausdauertraining und Ausdauerleistungen ist seine Bildung unerwünscht. In der Aufwärmphase ist seine Bildung unumgänglich und notwendig. Es gilt deshalb: **so viel wie notwendig, so wenig wie möglich.** Unser Trainingsziel lautet: im Fettstoffwechsel zu trainieren. Spitzenleistungen im Ausdauerbereich, z.B. beim Marathon oder beim Ironman-Triathlon, erfolgen fast ausschließlich im Fettstoffwechsel.

Die Höhe des Laktatgehalts im Blut während bzw. nach einer Trainingseinheit erlaubt uns, wie in Abbildung 3 dargestellt ist, eindeutige Rückschlüsse darüber, in welchem Stoffwechselbereich, d.h., ob im anaeroben oder aeroben Kohlenhydrat- bzw. ob im Fettstoffwechsel trainiert worden ist.

Der Laktatgehalt im Blut kann in sehr einfacher Form aus einem Blutröpfchen bestimmt werden, das der Fingerkuppe oder dem Ohrläppchen entnommen wird. Während man früher zur Laktatanalyse Laborgeräte verwenden musste, gibt es heute kleinere Handmessgerät, die man z.T. sogar während des Trainings bei sich tragen kann. (Das Laktatmessgerät „Accusport" der Fa. Hestia wird zur Zeit nicht mehr angeboten.)

Was ist hoch, was ist niedrig?

Die Angabe des Laktatwertes erfolgt in mmol/l. Werte zwischen 0,5 und 1,0 mmol/l entsprechen der normalen Bewegung im Alltag. Um Ausdauertraining im Fettstoffwechsel zu treiben, muss der Laktatwert unter 3 mmol/l liegen. NEUMANN (Leipzig) empfiehlt heute sogar, unter der 2 mmol/l-Grenze zu bleiben. Die höchsten Laktatwerte mit bis 25 mmol/l findet man nach 400- und 800-m-Läufen.

Für den Laufbereich wird folgendermaßen unterschieden (Abbildung 3):

Laktatwert:	
< 1,5 mmol/l	aerobes Regenerationstraining
1,5 - 3,0 (4,0) mmol/l	aerobes Ausdauertraining
3,0 - 5,0 mmol/l	aerober/anaerober Übergangsbereich (Schwelle)
> 5,0 mmol/l	anaerobes Intervalltraining

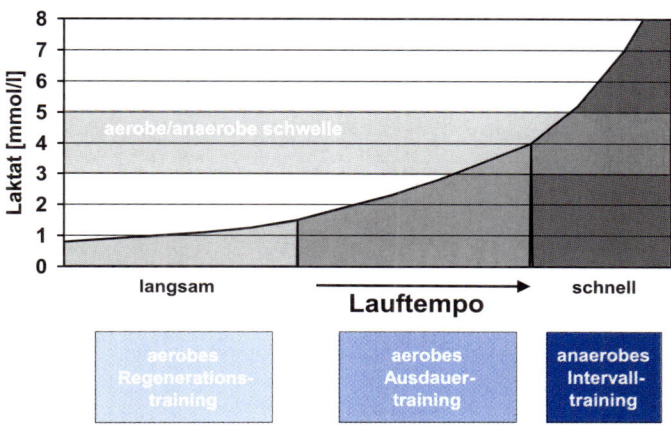

Abbildung 3:
Die Höhe des Laktatwertes gibt Aufschluss, in welchem Stoffwechselbe-
reich bzw. ob im regenerativen, aeroben oder anaeroben Bereich trai-
niert wurde.

In der Literatur wird häufig auch 4 mmol/l als aerober/anaerober
Grenzwert angegeben. Diese Grenze ist aber nicht für jeden Läufer völlig identisch, deshalb ist es sinnvoller, vom Übergangsbereich zu sprechen.

Der Zusammenhang zwischen Belastung (Lauftempo) und Laktatbildung ist nicht linear, sondern exponenziell. In der Abbildung 4 sind
Kurvenbeispiele dargestellt, die für verschiedene Ausdauertrainingszustände auf den Ziel-Laktatwert von 2 mmol/l (●) normiert wurden.

Die Läufer sollen am Ende der Trainingseinheit (beim LAUF-TREFF: z.B.
nach einer Stunde) bei vorgegebener Belastung (SOLL-Tempo) maximal 2 mmol/l Laktat aufweisen.

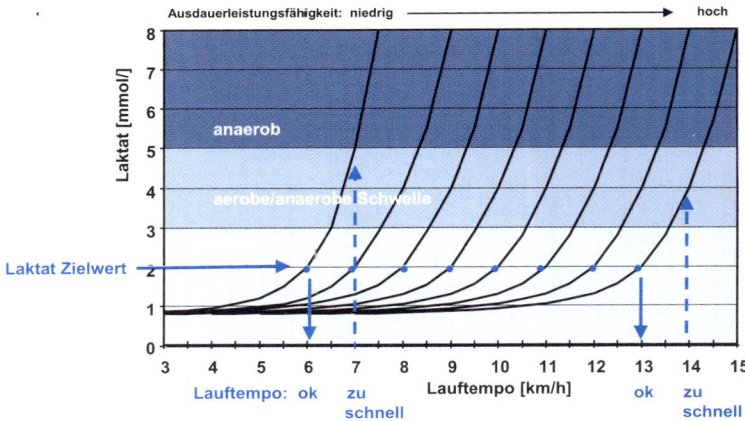

Abbildung 4:

Der Zusammenhang zwischen Belastung (Lauftempo) und Laktatbildung ist nicht linear, sondern exponenziell. Die Kurvenbeispiele sind für verschiedene Ausdauertrainingszustände auf den Ziel-Laktatwert von 2 mmol/l (●) normiert, den die Läufer am Ende der Trainingseinheit (beim LAUF-TREFF: z.B. eine Stunde) bei vorgegebenem SOLL-Tempo (Tempoangabe oben) maximal aufweisen sollen. Die Kurven zeigen gleichzeitig, wie sich die Laktatwerte erhöhen oder erniedrigen bzw. in welche Energiebereitstellungsbereiche der Läufer kommt, wenn er von seinem geplanten Tempo bzw. von seiner optimalen Trainingsintensität abweicht.

Sie können sich der Ihrem Lauftempo entsprechenden Kurve zuordnen. Dieser Kurve entnehmen Sie dann, was passiert, wenn Sie statt des gewollten Lauftempos (Lauftempo bei 2,0 mmol/l) schneller oder langsamer laufen. Laufen Sie z.B. anstatt mit dem gewollten Tempo 6 km/Std. mit 7 km/Std., so steigt Ihr Laktatwert von 2 mmol/l auf 4,5 mmol/l an und erreicht damit bereits die obere Grenze des aeroben/anaeroben Übergangsbereiches. D.h., Sie machen **kein Ausdauertraining im Fettstoffwechel**, sondern stellen Ihre Energie teils aerob, teils anaerob aus Kohlenhydraten bereit. Einem Läufer, der anstatt mit 13 km/Std. mit 14 km/Std. läuft, ergeht es ähnlich. Wie Ihr individueller Laktatwert letztendlich aussieht, ist durch regelmäßige Laktatkontrollen festzustellen.

2.6 Die Herzfrequenz

Bei jedem Belastungs- bzw. Tempowechsel eine Laktatmessung zu machen, wäre jedoch zu aufwendig. Da hilft uns die Herzfrequenzmessung weiter, die ohne besonderen Aufwand permanent möglich ist. Zwischen der Herzfrequenz und dem Laktatwert gibt es eindeutige Korrelationen.

Die Herzfrequenz (der Herzschlag) reagiert innerhalb weniger Sekunden auf jede Belastungsänderung, d.h. sowohl auf Belastungssteigerungen als auch auf Belastungsreduzierungen (s. Abbildung 7 und 8).

Die Herzfrequenz steigt im Gegensatz zum Laktat bis zur Maximalbelastung nahezu linear an. Für die Zuordnung der Herzfrequenz zu den verschiedenen Trainingsbereichen gibt es zwei Möglichkeiten:

1. Man bestimmt bei definierten Laufgeschwindigkeiten die Herzfrequenz und den Laktatgehalt und kann so zuordnen, bei welcher Herzfrequenz man im Fettstoffwechsel, im aeroben oder im anaeroben Kohlenhydratstoffwechsel trainiert.

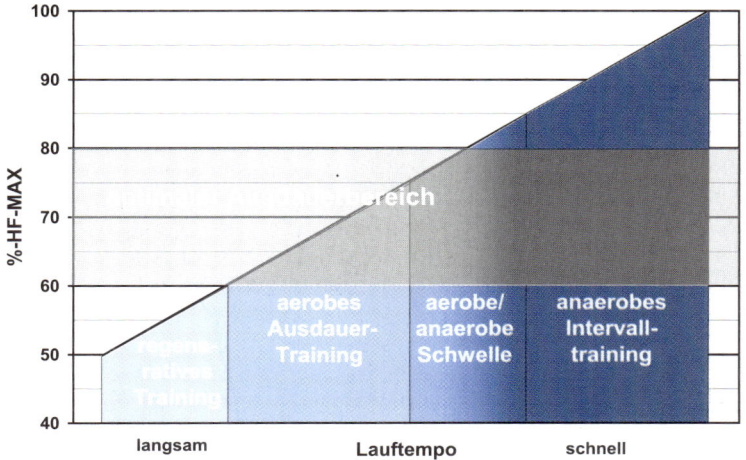

Abbildung 5:
Zuordnung der Herzfrequenzen (bezogen auf die maximale Herzfrequenz) zu den verschiedenen Trainingsbereichen

2. Man benutzt als guten Näherungsweg die maximale Herzfrequenz, d.h. den bei einer maximalen Belastung (z.B. maximales Lauftempo) erreichten höchsten Pulswert und setzt diesen Wert = 100%. Als grobe Einteilung gilt dann (Abbildung 5):

Pulswert < 60%: Fettstoffwechsel.

Pulswert > 60% und < 80%: teils Fettstoffwechsel, teils aerober Kohlenhydratstoffwechsel.

Pulswert > 80%: überwiegend bis ausschließlich anaerober Kohlenhydratstoffwechsel.

Die aerobe/anaerobe Schwelle liegt im Bereich von 75-85% des Maximalpulses.

Wenn man die individuelle maximale Herzfrequenz nicht bestimmen kann, gibt es nach HOLLMANN für den Erwachsenen eine Faustformel, die eine erste Orientierung ermöglicht:

> **Maximalpuls, d.h.: 100% = 220 – Lebensalter**
> Beispiel: Alter = 50 Jahre: 220-50 = 170 (Schläge pro Minute)

80% entsprechen dann einem Puls von 136 Schlägen; 60% dem von 102 Schlägen pro Minute.

Die Korrelation zwischen Herzfrequenz und Belastung hängt zusätzlich von Witterungsbedingungen, insbesondere der Temperatur, aber auch vom Gesundheitszustand des Läufers ab. Ein Anstieg der Pulswerte bei erhöhter Temperatur ist normal, deshalb sollte die Belastung bei solchen Witterungsbedingungen reduziert werden. Ein erhöhter Puls bei normalen Temperaturverhältnissen ist ein Warnsignal des Körpers, Belastungsreduzierung ist angesagt – auch wenn man die Ursache noch nicht lokalisieren kann. – Ein Gesundheitscheck ist notwendig.

Aus diesen Gründen wird die Herzfrequenzmessung heute im gesamten Ausdauersport zur Trainingssteuerung eingesetzt. Sie dient dazu, gezielt im optimalen Bereich, d.h. effizient zu trainieren. Ihr Einsatz ist deshalb auch im Einsteigerbereich und beim LAUF-TREFF äußerst sinn-

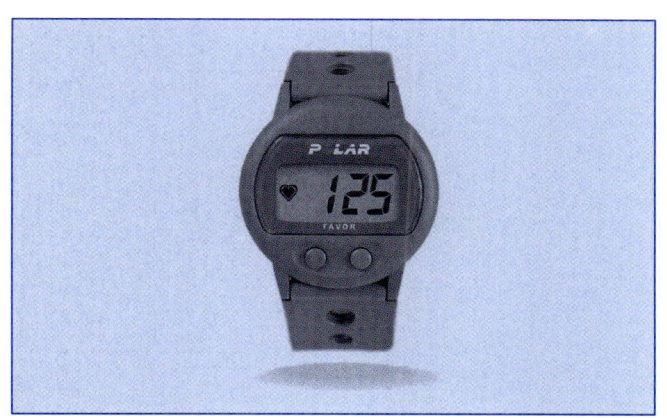

Abbildung 6:
Polar-Herzfrequenzmesser mit Sender

voll, da gerade hier häufig mit viel zu hohen Belastungsintensitäten im anaeroben Bereich und damit sehr ineffizient trainiert wird. – Dem Glauben *„viel (trainieren) hilft viel"* kann man – wenn überhaupt – nur messtechnisch begegnen.

Herzfrequenzmessgeräte werden heute von mehreren Herstellern angeboten. Am genauesten arbeiten die Geräte mit einem Brustsensor und einer Armbanduhr als Empfänger. Die Empfänger gibt es in einer Vielzahl an Ausstattungen, die man grob in drei Einsatzgebiete einteilen kann:

1. Standarduhren mit Herzfrequenzanzeige sowie einstellbaren oberen und unteren Grenzwerten. Sie eignen sich für Läufer, die ihre persönlichen Trainingspulsbereiche kennen und innerhalb dieser Grenzen trainieren bzw. gezielt diese Bereiche über- oder unterschreiten wollen.

2. Uhren mit Zwischenspeichern, Pulszielbereichen, Durchschnittsherzfrequenzen, Auswertungen: Ob und wie viel er im aeroben Bereich trainiert hat etc., braucht der ambitionierte Läufer, der definierte Trainingsbelastungen über die Pulsfrequenz kontrollieren will.

3. Uhren mit Zwischenspeicher und einer Gesamtkapazität von mehr als 24 Stunden, die über ein Interface am PC auswertbar sind. Solche Modelle sind eine optimale Hilfe für Trainer, Trainingsgruppen oder Läufer, die es ganz genau wissen wollen.
   Durch die Computerauswertungen kann der zeitliche Pulsverlauf in einer Grafik exakt dargestellt und ausgewertet werden (s. Abbildung 7, mit einem *Polar Sport Tester* ermittelt). Sie sind ideal zur Basisbestimmung und Kontrolle. Mit Hilfe der Diagramme kann man Belastungen ermitteln oder gezielt vorgeben und anschließend kontrollieren, ob sie eingehalten wurden, z.B.
   - Höhe des Belastungsniveaus (60, 80, 100%) – wurde im gewollten Niveau trainiert?
   - Belastungspuls in der Warmlaufphase – werden die Vorgaben für eine Warmlaufphase (Abbildung 7) eingehalten? – Dies nicht zu tun, ist einer der gravierendsten Fehler vieler Einzelläufer, aber auch von Gruppenleitern bei LAUF-TREFFs.
   - Belastungsreaktion auf das Geländeprofil.
   - Steuerung von Belastungsreduzierungen (Gehpausen/-länge/-lage) (s. Abbildung 8).

- Änderungen des Trainingszustandes.
- Erkennen von gesundheitlichen Defiziten, z.B. erhöhte Pulsfrequenzen bei Erkältungen (auch nicht voll auskurierten), Mineralstoffmangel etc.

Für Läufergruppen reicht die Anschaffung eines Gerätes. Die regelmäßige Pulskontrolle kann dann mit den einfachen Herzfrequenzmessern erfolgen.

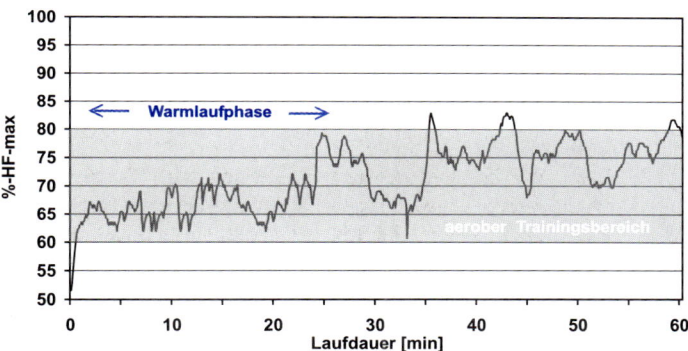

Abbildung 7:
Herzfrequenz beim Laufen mit ständigem Belastungswechsel. An den starken Pulsschwankungen erkennt man, wie schnell die Herzfrequenz auf Belastungswechsel reagiert. Die Warmlaufphase mit den niedrigeren Pulswerten ist deutlich zu erkennen und beträgt in diesem Fall ca. 20 Minuten. Jeder Einzelne, aber auch jeder Leiter einer LAUF-TREFF-Gruppe, kann sofort überprüfen, ob sein Tempo in der Warmlaufphase optimal oder zu schnell war.

Die Preisspanne für Herzfrequenzmessgeräte und liegt z.Z. zwischen 50 DM für die einfacheren und 900 DM für den computerauswertbaren Polar XTrainer Plus (einschließlich Interface und Auswertungssoftware).

Mit den einfachen Pulsmessern können Sie, unter Beachtung der Pulsgrenzen, nach HOLLMANN Ihr Training zumindest grob bzw., wenn man Ihre Puls-Laktat-Korrelation kennt, auch fein steuern.

Die Beispiele in den Abbildungen 3-5 verdeutlichen die verschiedenen Anwendungen und Auswertungsmöglichkeiten. Viele Läufer werden überrascht sein, wie ungewohnt langsam effizientes Ausdauertraining ist.

2.7 Warmlaufen – das richtige Anlauftempo

Das richtige Anlauftempo entscheidet sowohl über den Erfolg einer Trainingseinheit als auch über einen erfolgreichen Wettkampf. Das Aufwärmtraining ist von Sportart zu Sportart verschieden und dauert zwischen 30 und 60 Minuten. Marathonläufer der Weltspitze, wie z.B. der zweimalige Olympiasieger Waldemar CIRPINSKI, nehmen sich dazu eine Stunde Zeit; beim normalen Ausdauertraining werden dazu ca. 30 Minuten benötigt.

Was passiert in unserem Körper an Umstellungen bzw. Anpassungsvorgängen in diesen 30 Minuten?

Unser Herz-Kreislaufsystem arbeitet im Alltag immer auf *Sparflamme*. Jede Belastungssteigerung muss ihm *gemeldet* werden. Das erfolgt auf verschiedene Weise und ist im Einzelnen bis heute nicht in allen Details erforscht. Neben den psychischen Einflüssen und erotischen Anregungen spielen wahrscheinlich Stoffwechseländerungen im Körper die Hauptrolle. Für uns Langläufer dürften die bei der Energieumsetzung entstehenden Zerfallsprodukte im Blut, vor allem wahrscheinlich die Milchsäure, die ausschlaggebenden Komponenten für die Aktivierung der Atem- und Herzfrequenz bzw. der Blutausstoßleistung des Herzens und der Atemtiefe sein.

Jede Erhöhung des Tempos, sei es der Übergang vom Gehen zum Laufen oder eine Tempoverschärfung beim Laufen, genauso wie eine Belastungssteigerung durch Bergauflaufen, stellt eine Erhöhung des Energiebedarfes der bereits arbeitenden Muskeln oder zusätzlich tätig werdender Muskelgruppen dar. Dazu hat jede einzelne Muskelzelle Energiesofortreserven für 6-8 Sekunden. – Für einen Läufer sind das bei langsamem Tempo: 10-20 Schritte.

D.h., nach spätestens acht Sekunden schaltet die Muskelzelle auf anaerobe Energiebereitstellung um und bildet, wie oben ausführlich dargestellt wurde, entsprechend große Mengen Milchsäure (Laktat).

Um über den aeroben Kohlenhydratstoffwechsel in den Ausdauer-Fettstoffwechsel zu kommen, müssen Sie dem Körper folgende Anpassungen ermöglichen:

▶ Die Laktatbildung im Blut ist in der Aufwärmphase unumgänglich und notwendig. Es gilt deshalb: **so viel wie notwendig, so wenig wie möglich**. Das *so wenig wie möglich* erreichen wir nur durch langsames Anlaufen. Die Herzfrequenzen sollen in diesem Zeitraum unter 70% des Maximalpulses liegen und immer wieder durch kurze Belastungsreduzierungen – beim Anfänger durch kurze, maximal 20-30 Sekunden lange Gehpausen, beim Trainierten durch bewusste Reduzierung des Tempos – unterbrochen werden (s. auch Abbildung 7 und 8).

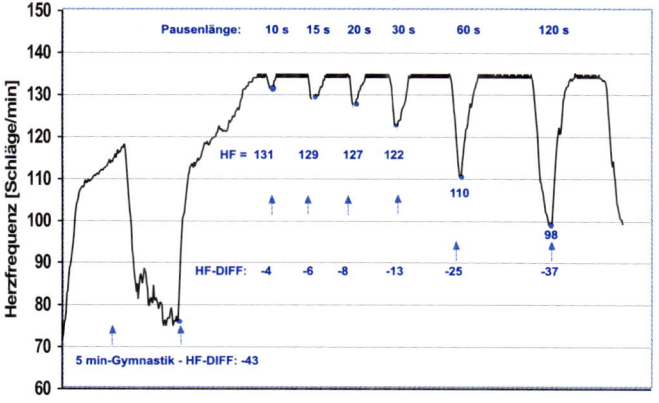

Abbildung 8:

Belastungsunterbrechungen, z.B. bei einer 5-min-Gymnastik oder Gehpausen von unterschiedlicher Dauer (10-120 s) zeigen, wie stark die Herzfrequenzen innerhalb dieser (kurzen) Zeiten abfallen. Innerhalb einer Ausdauertrainingseinheit, insbesondere in der Warmlaufphase, stören starke Pulsreduzierungen die Anpassung des Herz-Kreislauf-Systems an die Belastung, da u.a. mit dem Pulsabfall gleichzeitig auch das Sauerstoffangebot wieder abfällt. – Eine Ausgleichs-/Dehngymnastik gehört an das Ende der Laufeinheit.

Die kurzen Belastungspausen (Gehpausen) haben die Aufgabe, die Wasserstoffträger in den Muskelkraftwerken wieder freizumachen und einen Sauerstoffüberschuss zur Verfügung zu stellen, damit auf aerobe Energiebereitstellung umgeschaltet werden kann. Die Geh- bzw. Belastungspausen über die 20-30 Sekunden hinaus zu verlängern, ist, wie die Beispiele in Abbildung 8 zeigen, unphysiologisch. Der Pulsabfall und damit der Abfall des Sauerstoffangebotes ist bei Pausen, die über eine Minute hinausgehen, so gravierend, dass sie unbedingt zu unterlassen sind. – Die Gymnastik gehört an das Ende der Trainingseinheit (s. Kapitel 9 „Gymnastik").

Der hohe lokale Laktatanfall in der Beinmuskulatur wäre auch eine Erklärung für das, was die meisten Läufer schon oft erlebt haben, wenn sie in der Anlaufphase, etwa nach 10-20 Minuten, mit schweren Beinen das Gefühl hatten, *heute läuft es überhaupt nicht.* Nach 30 Minuten war plötzlich die Schwere verflogen und es lief. – Jetzt war der Körper warm, das Sauerstoffangebot dem Sauerstoffbedarf angepasst und die Energieumsetzung verlief unter aeroben Bedingungen.

➤ Um die arbeitende Muskulatur ausreichend mit Sauerstoff zu versorgen, müssen die Blutströme im Körper zu den Muskelbereichen, die den erhöhten Sauerstoffbedarf haben, umgeleitet werden. Für den Läufer bedeutet das, dass die Arterien und Venen, die die Bein- und Fußbereiche versorgen, weit gestellt werden müssen, um die großen Blutmengen dorthin fließen zu lassen. Gleichzeitig wird der Magen-Darm-Trakt von der Blutversorgung abgekoppelt. Dies ist auch der Grund dafür, dass man nicht mit vollem Bauch, bei dem das Blut zum Verdauen gebraucht wird, laufen soll. Man kann entweder verdauen oder laufen. Die Anpassung hängt vom Trainingszustand des Einzelnen ab.

➤ Die vollständige Energieumsetzung im Muskel setzt auch – wie beim Automotor – eine optimale Betriebstemperatur voraus. Diese liegt bei 38-39 °C. Wie Sie der Abbildung 9 entnehmen können, müssen Sie die Muskeltemperatur im Waden- und Fußbereich um ca. 10 °C erhöhen. Dies ist nur durch die bei der Energieumsetzung anfallende Wärme und nicht von außen möglich. Deshalb sprechen wir auch vom Aufwärmen bzw. von einer Warmlaufphase.

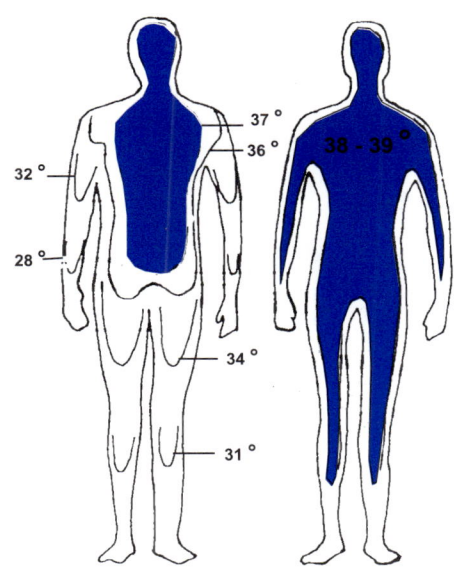

Abbildung 9:
Links: Normale Temperaturverteilung.
Rechts: Zur optimalen Energieumsetzung muss die Temperatur in der arbeitenden Muskulatur auf 38-39 °C erhöht werden.
Die Erwärmung erfolgt durch die bei der Energieumsetzung anfallenden Wärme.

2.8 Konsequenzen für den Anfänger

Der Anfänger verfügt nur über geringe Energiereserven, d.h. im Vergleich zu Trainierten über kleinere Kohlenhydrat- und Fettsäurespeicher in der Muskulatur. Er sollte seine Energiereserven deshalb nicht anaerob *verpulvern*, sondern sparsam mit ihnen umgehen. Dazu muss er mit ganz langsamem (60-70%) Traben, bei dem das Herz-Kreislauf-System angeregt wird, beginnen, aber bereits nach wenigen Metern kurze Gehpausen von max. 20 Sekunden Dauer einlegen (Abbildung 10). In diesen ganz kurzen Gehpausen wird der Sauerstoffbedarf der Muskulatur automatisch auf das *Gehniveau* reduziert, das Sauerstoffangebot dagegen bleibt wegen des erhöhten Pulsschlages größer. Die Muskelzellen schalten damit automatisch wieder auf aerobe Energieumsetzung um. Wir sprechen in diesen Fällen von der **lohnenden Pause**. Auf diese Weise können auch völlig untrainierte Anfänger ohne Gefahr der Überanstrengung ein einstündiges *Trab-Geh-Training* erfolgreich absolvieren.

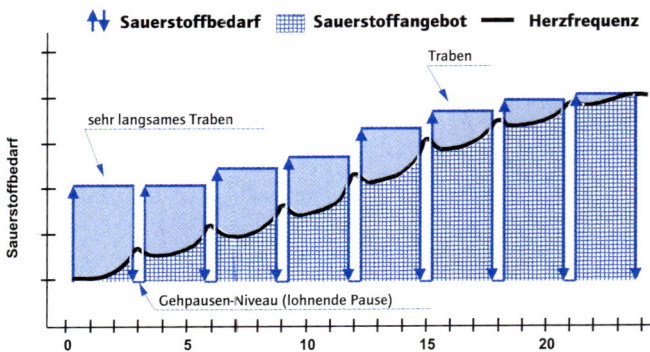

Abbildung 10:
Belastungssteigerung in der Warmlaufphase für den untrainierten Anfänger. Durch langsame Belastungssteigerung wird das Sauerstoffangebot an den Sauerstoffbedarf herangeführt. Die Gehpausen müssen dazu sehr frühzeitig gemacht werden und dürfen nur ca. 20 Sekunden betragen (lohnende Pausen).

Wie gut dies in die Praxis umgesetzt werden kann, zeigt die Herzfrequenzkurve einer Läuferin in der Einstiegsgruppe des DARMSTÄDTER LAUF-TREFFs, bei der die Gruppe in einer Stunde 5,5 km trabt und 20 ganz kurze (ca. 20 Sekunden) Gehpausen macht.

In veralteten Trainingsanleitungen, die heute noch publiziert und sogar noch an einzelnen wissenschaftlichen Hochschulen in der Lehrerausbildung verwendet werden, werden Pausenlängen in der Anfangsphase von einer bis zu fünf Minuten empfohlen.

Dies ist, wie aus Abbildung 8 hervorgeht, viel zu lange. Die Herzfrequenz und damit die Sauerstoffversorgung der für das Laufen benötigten Muskulatur fällt so stark ab, dass solche Trainingsempfehlungen absolut unphysiologisch sind und nur zu vorzeitiger Ermüdung führen, da eine Energiebereitstellung im aeroben Stoffwechsel nicht erreicht wird. Lassen Sie sich von solchen Empfehlungen nicht irritieren.

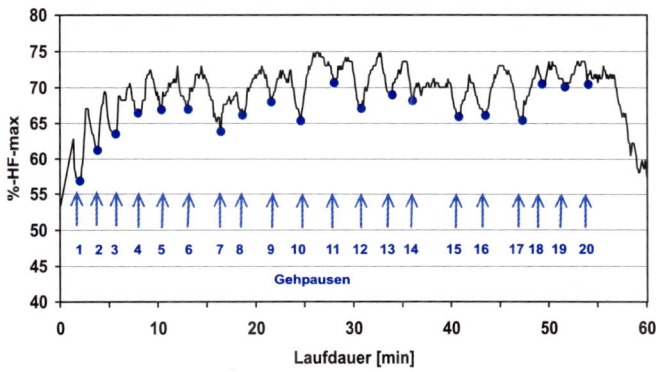

Abbildung 11:
Pulsfrequenz einer Teilnehmerin in einer Anfängergruppe des DARM-STÄDTER LAUF-TREFFs mit 5,5 km/Stunde. Die Lage der 20 Gehpausen in dieser optimal geführten Anfängergruppe sind deutlich zu erkennen. Der schnelle Pulsabfall in den Gehpausen zeigt auch, dass die Pausen nur sehr kurz, d.h. nicht länger als 20-30 Sekunden sein dürfen.

Das ganze *Geheimnis* des Erfolges besteht darin, **die Belastungspausen (Gehpausen) so frühzeitig wie möglich zu machen, auf jeden Fall viel eher als man glaubt, sie zu brauchen.** Abbildung 12 zeigt Ihnen die Lage der *lohnenden Pausen* für einen einstündigen Lauf für unterschiedlich leistungsfähige Läufer an. In ebenem Gelände erreicht man bei ca. 7-7,5 km/Stunde einen Grenzbereich, bei dem man schon eine ganze Stunde ohne Gehpausen durchtraben kann (Abbildung 12).

Wer bei 8 km/Stunde in ebenem Gelände noch eine Geh-(Verschnaufs-)pause braucht, sollte lieber etwas langsamer traben. – Wenn man nämlich eine Gehpause benötigt, weil man nicht mehr kann, dann war es zu schnell. Diese Pause ist keine *lohnende* Pause mehr, sondern eine Zwangspause, denn: Man kann ja nicht mehr, weil man bereits zu viel Energie verbraucht und gleichzeitig entsprechend viel Milchsäure gebildet hat. Dem gilt es, durch langsameres Anlaufen und/oder frühzeitige Gehpausen vorzubeugen.

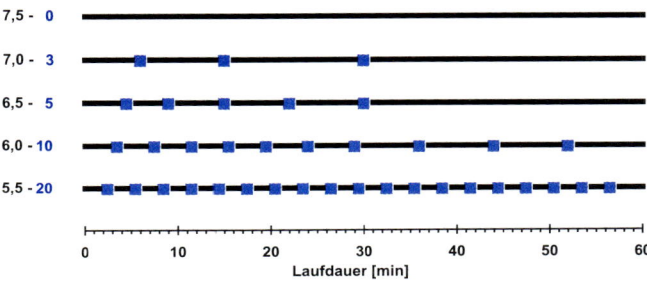

Abbildung 12:
Lauf-(Trab-) und Pausensequenzen für Anfänger und wenig trainierte
Läufer für einen 60-minütigen Lauf. Die frühzeitigen Pausen werden als
'lohnende Pausen' bezeichnet und sind für den Erfolg des Laufs aus-
schlaggebend.

2.9 Konsequenzen für den trainierteren Läufer

Die Mechanismen des richtigen Aufwärmens gelten für jeden Läufer. Gleichgültig, ob Sie einen Trainingslauf oder eine längere Strecke auf Zeit laufen möchten: seien es z.B. die 2.000 m oder 3.000 m für das Sportabzeichen oder das 15- bzw. 30-Minuten-Laufabzeichen beim LAUF-TREFF. Bevor Sie ein solches Ziel angehen, müssen Sie sich durch langsame Belastungssteigerung mindesten 30 Minuten *warmlaufen*. Erst dann dürfen Sie Ihr Ziel angehen. Die vielfach geäußerte Begründung: *„Dann bin ich ja schon ausgepumpt"*, ist völlig unbegründet, wenn man die Belastung entsprechend langsam steigert und lohnende Pausen – entweder in Form von Gehpausen oder als Temporeduzierung – frühzeitig (!) einbaut.

Die Marathondistanz in einer optimalen Zeit zu laufen, ist eine Frage des Kopfes und nicht des Gefühls. Nach dem gezielten Aufwärmen heißt es, die Zeitvorgaben für die ersten zehn Kilometer exakt einzuhalten und sich nicht in euphorischer Stimmung vom Tempo schnellerer Läufer mitreißen zu lassen.

Je schneller Sie auf dieser Distanz in den Fettsäurestoffwechsel kommen, umso besser wird Ihre Endzeit im Ziel sein. Hohe anaerobe Anteile auf den ersten zehn Kilometern lassen Sie bei Kilometer 35 gegen *„die schwarze Wand"* rennen bzw. Sie laufen Gefahr, *„vom Mann mit dem Hammer"* getroffen zu werden.

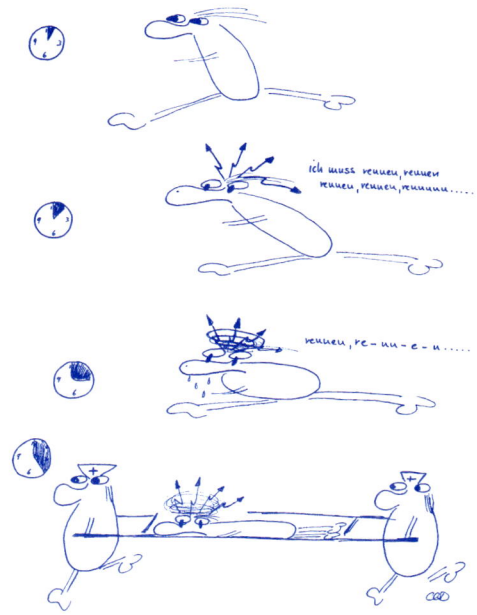

2.10 Das richtige Lauftempo

Für das richtige Trainingstempo, d.h. im aeroben Kohlenhydrat- bzw. im Fettstoffwechsel zu laufen, gibt es, wenn man keine bessere Möglichkeit der Tempokontrolle durch eine Pulsmessung hat, einen guten Maßstab:

Laufen Sie nur so schnell, dass Sie sich noch mit Ihrem Partner unterhalten können!

d.h. mit maximal 60-80% Ihrer eigenen Leistungsfähigkeit. Dies gilt zwar nicht für jeden Meter. So verstummt z.B. das Gespräch bei einer bewussten Belastungssteigerung von alleine. Aber das Maß, sich unterhalten zu können, soll ein eindeutiges Indiz für alle Gruppenleiter sein und vor allem für alle Ehemänner, die mit ihren Frauen laufen. Wenn das Gespräch in einer Gruppe verstummt oder der Laufpartner immer schweigsamer wird, laufen diese im Bereich der Leistungsgrenze. Zu hohes Tempo beobachtet man am häufigsten bei Einzelläufern.

Abschließend sei denjenigen, die meinen, sie müssten immer an ihrer Leistungsgrenze trainieren, gesagt, dass die Weltklasse, die die Marathondistanz mit 20 km/Stunde läuft, ihre Ausdauereinheiten mit ca. 15 km/Stunde (= 75%) und ihre regenerativen Einheiten mit ca. 10-12 km/Stunde (= 50%) läuft. Es ist leichter, dies mit einer Uhr als mit dem Kopf nachzuvollziehen!

3 Aller Anfang ist schwer

Laufen gehört zu den schönsten und entspannendsten Hobbys, die es gibt. Doch auch hier gilt: Aller Anfang ist schwer und bis das Laufen auch für den Anfänger mehr Entspannung als Anstrengung bedeutet, haben die Götter viel Schweiß gesetzt. Aber gerade dieses Schwitzen ist für uns so wichtig, weil dadurch zum einen die Poren von innen heraus gereinigt werden und zum anderen - und das ist noch wichtiger – vom Körper viele Schadstoffe (z.B. Blei, Kupfer etc.) nur durch das Schwitzen ausgeschieden werden.

3.1 Die ersten drei Monate

In der Anfangszeit fällt es trotz aller Begeisterung und aller guten Vorsätze besonders schwer, ganz regelmäßig zu laufen. Setzen Sie sich ein Ziel. Für das Laufen hat es sich bewährt, sich einen Mindestzeitraum von drei Monaten zu geben und keine Ausrede gelten zu lassen. Es gibt so viele Gründe, warum es gerade heute wieder einmal nicht klappt. Greifen Sie deshalb zu folgender List: Tragen Sie die Lauftage und -zeiten in Ihren Kalender ein, und geben Sie diesem Termin einfach die Priorität **Eins**.

Verteidigen Sie jeden einzelnen Termin bis zum Letzten! Sie werden sehen, das ist gar nicht so schwer.

Lassen Sie sich auch nicht vom Wetter abhalten! Sie schwitzen doch sowieso schon, was macht es dann aus, wenn Sie auch noch von außen nass werden? Duschen müssen Sie so oder so. Ziehen Sie sich auch bei Regen nicht zu warm an.

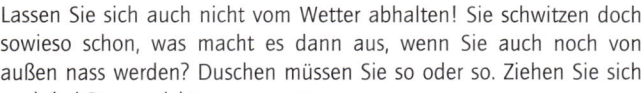

Die Nylonjacke brauchen Sie nur dort, wo es sehr windig ist – z.B. auf freien Feldwegen –, nicht aber im windgeschützten Wald. Wer noch nie im Regen gelaufen ist, wird erstaunt sein, wie fröhlich eine triefnasse Läufergruppe sein kann und wie friedlich der Wald ist, was sich wiederum entspannend auf den Körper auswirkt.

3.2 Wie oft in der Woche soll man laufen?

Am Anfang reagieren unsere Muskeln wie bei jeder ungewohnten Tätigkeit mit etwas Muskelkater (s. Kapitel 5.6 „Muskelkater"). Es können auch hier und da kleine Wehwehchen auftreten. Lassen Sie sich trotzdem nicht verunsichern und entmutigen. Sie haben sich ein Ziel gesetzt: drei Monate durchhalten. Die meisten von Ihnen werden danach nicht nur ihm oder ihr zuliebe laufen, sondern vom Laufen selbst fasziniert sein. Legen Sie ganz exakt fest, wann Sie laufen wollen, also am .... – doch wie oft in der Woche?

Ja, wie oft?

Einmal ist gut!

Aber es dauert sehr lange, bis man spürbare Fortschritte wirklich merkt. Unsere Muskeln fangen nämlich nach drei bis vier Tagen an, den Trainingsreiz, den wir ihnen durch das Laufen gegeben haben, wieder zu vergessen. Deswegen:

Zweimal in der Woche ist besser!!
Dreimal wäre optimal!!!

Öfter sollten Sie als Anfänger jedoch nicht laufen. Ihre Muskulatur benötigt nach jeder Belastung eine Erholungs- bzw. Regenerationsphase, deren Länge sich danach richtet, wie viel Sport und auch welchen Sport Sie in Ihrer Jugend getrieben haben. Ebenso spielt die Dauer Ihrer sportlichen Abstinenz, Ihr derzeitiges Gewicht und Ihr Gesundheitszustand eine Rolle.

3.3 Gelände- und Wegauswahl

Laufen kann man eigentlich überall. Selbst in Großstädten finden sich – wie die Praxis zeigt – genügend Nebenstraßen und Parkanlagen, durch die man traben kann, wenn es jemandem nur darauf ankommt, sein Trainingspensum abzuspulen. Auf einen Anfänger dagegen wirken solche Vorstellungen eher abschreckend.

Ideal zum Laufen sind ebene, mit Tannennadeln abgefederte Wald- und Parkwege. Solche Möglichkeiten haben wir leider nur sehr selten vor der Haustür.

Meistens müssen wir uns mit den üblichen Feld- und Waldwegen begnügen. Die Wegqualität und Höhenunterschiede beeinflussen das Lauftempo.

Der Anfänger sollte, sofern es das Gelände zulässt, Steigungen möglichst meiden, sie auf jeden Fall aber durch noch langsameres *Traben* oder durch *Gehen* entschärfen. Eine Steigung ist eine Belastungssteigerung, die zwangsläufig zur anaeroben Energieumsetzung führt. Bei sanftem Gefälle dagegen darf's dann auch mal etwas flotter sein – aber nur kurzfristig. Steil bergab ist weder für den Anfänger noch für den Trainierten gut – es staucht die Gelenke übermäßig.

Auf ebenem, federndem Untergrund läuft es sich am schönsten. Sehr unebene Wege erfordern mehr Kraft, beanspruchen die Fuß- und Kniegelenke stärker und bedingen einen sehr festen, stützenden Laufschuh mit guter Fußführung. In Extremfällen oder z.B. bei Eis und Schnee ist zur Gelenkschonung und -stützung das Tragen eines Laufstiefels zu empfehlen (s. Kapitel 7 „Laufschuh"). Bei sehr weichem Untergrund, z.B. weicher Sand oder Schnee, braucht man Schuhe mit grobem Profil und viel Kraft, weil es schwierig ist, die Abdruckkraft auf den lockeren Untergrund zu übertragen.

Unebene Wege und Steigungen bereiten Läuferinnen, insbesondere Anfängerinnen, wesentlich mehr Schwierigkeiten als Männern. Dies hängt mit der geringeren Muskelmasse der Frauen, insbesondere mit dem für das Laufen wichtigen Oberschenkelheber (musculi quadriceps femoris) zusammen. Deshalb sind an die Qualität der Laufwege für Anfänger, bei denen zu der geringen Muskelleistungsfähigkeit noch Gewichtsprobleme hinzukommen, höhere Anforderungen zu stellen als bei trainierten Läufern.

 Ganz allgemein gilt: Je geringer das Laufvermögen ist, umso besser muss die Wegqualität sein.

Asphalt als Untergrund ist meines Erachtens besser als sein Ruf. Asphaltierte Wege haben normalerweise eine ganz ebene Oberfläche und federn im Sommer zum Teil besser als ein ausgetrockneter Feld- oder Hartweg. Asphalt erlaubt wegen seines geringen Schlupfes in der Abdruckphase eine sehr gute Kraftübertragung und damit hohes Lauftempo. Die Schlurfer unter den Läufern, die beim Aufsetzen den Schuh immer etwas nachziehen, haben dadurch einen höheren Abrieb als auf Wald- und Feldwegen.

Meiden sollte man auf jeden Fall Beton, Kopfsteinpflaster und Grobschotterwege.

Waldwege haben gegenüber Feldwegen noch weitere Vorteile. Man ist dort gegen Wind und Regen, aber auch gegen intensive Sonneneinstrahlung besser geschützt.

In Deutschland darf man auf allen öffentlich zugänglichen Waldwegen laufen. Dennoch kann es Ausnahmen zu bestimmten Brut- und Ruhezeiten geben, über die man sich bei seinem Revierförster informieren sollte. An dieser Stelle gebe ich auch eine Bitte, die von sehr vielen Forstverwaltungen immer wieder an mich herangetragen wird, an Sie weiter: Bitte laufen Sie nur auf den Waldwegen und nicht quer durch den Wald, da Sie dort das Wild in seinen Ruhebereichen aufschrecken. Dass Sie auf Waldwegen laufen, daran gewöhnt sich das Wild schnell, und es wird kaum gestört.

Der Winter bereitet uns, neben dem schon angesprochenen Schnee und Eis, wegen der frühzeitigen Dunkelheit oft Probleme. Besonders dunkel ist es von Mitte Oktober bis Anfang Dezember, wenn das Laub noch auf den Bäumen hängt. Nebel erschwert zusätzlich die Orientierung. Unter diesen Bedingungen kommen neben beleuchteten Parkwegen nur einwandfreie Feld- oder Waldwege zum Laufen in Frage, bei denen man dann eine Taschenlampe mitnehmen sollte.

Straßen, die von Autos befahren werden, sind schon am Tag gefährlich und müssen bei Dunkelheit wegen der extrem hohen Unfallgefahr unbedingt gemieden werden. Die Sportplatzaschenbahn ist trotz ihrer Eintönigkeit dazu die bessere Alternative.

3.4 Wie lange soll man laufen?

Als ideale Laufzeit hat sich **eine Stunde** bewährt. Sie teilt sich in drei Phasen auf:
1. 30 Minuten Warmlaufen mit 50 bis max. 70% der maximalen Belastung.
2. 25 Minuten Belastungsphase mit 60 bis max. 80% bzw. mit 2 mmol/l-Laktat.
3. Fünf Minuten locker auslaufen (kein Endspurt).

Selbstverständlich kann der Anfänger nicht vom ersten Mal an 60 Minuten durchlaufen. Wie lange kann er denn? Diese Frage lässt sich nicht allgemein gültig beantworten. Ich selbst habe mehr als 20 Jahre die Anfängergruppe des DARMSTÄDTER LAUF-TREFFs betreut. Dort sind fast jedes Mal zwischen einem und fünf völlig ungeübte Anfänger dabei. Während wir früher noch 200-500 m bis zur ersten Gehpause trabten, mache ich heute nach 100-200 m und, wenn notwendig, auch nach 50 m die erste Gehpause. Im steten Wechsel von ca. 20 kurzen Laufphasen und Gehpausen traben wir in einer Stunde ca. 5,5 km (s. Abbildungen 10-12).

Das 60-minütige Lauftraining stellt eine Optimierung aus Zeitaufwand und Trainingserfolg dar. In vielen Ausführungen oft namhafter Autoren, z.B. HOLLMANN, war früher von täglich nur zehn Minuten Herz-Kreislauf-Aktivierung die Rede. Diese Aussage basiert auf den Erkenntnissen der 60er Jahre und war dann richtig, wenn ein ca. 20-30-minütiges Aufwärmtraining vorausgeht. In der Zwischenzeit hat HOLLMANN diese Aussage auf 30-40 Minuten revidiert. – Dass die zehn Minuten-Aussagen auch heute noch in der Literatur, vor allen aber in diversen Laufanleitungen auftauchen, liegt daran, dass sie damals unkritisch abgeschrieben wurden und die heutigen Erkenntnisse den Autoren solcher Anleitungen unbekannt zu sein scheinen. Dies darf nicht weiter verwundern, wenn man weiß, dass auch heute noch solche Thesen an wissenschaftlichen Hochschulen in der Sportlehrerausbildung gelehrt werden.

3.5 Wie schnell bzw. wann ist man ausdauertrainiert?

Es gibt keinen allgemein verbindlichen Maßstab, ab wann sich jemand als *ausdauertrainiert* bezeichnen kann. Ich halte die *Stunde* für einen guten Maßstab. D.h., wenn man eine Stunde ohne Pause mit 60-80% der maximalen Leistungsfähigkeit bzw. mit 2 mmol/l Laktat durchtraben kann, ist man ausdauertrainiert. Die unterste Stufe erreicht man mit einem *Tempo* von etwa 7 km/Stunde.

Zwischen dem völlig Untrainierten und demjenigen, der die 7 km/Stunde traben kann, gibt es noch viele Zwischenstufen des Fitseins. Welche Stufe man erreichen will, ist eine Frage der persönlichen Zielsetzung; ob man sie erreichen kann, eine Frage des Trainingsaufwandes und der persönlichen Grundschnelligkeit.

Eine umfangreiche Studie zu diesem Thema, die 1993 beim DARMSTÄDTER LAUF-TREFF durchgeführt wurde, hat ergeben, dass dort ein Drittel der oft 400 Teilnehmer in den Gruppen 5,5 – 6 – 6,5 – 7 – 7,5 km/Stunde laufen, von denen 70% mit diesem Fitnessniveau völlig zufrieden sind und keinerlei Leistungsverbesserung anstreben.

Auch auf die Frage: *„Wie schnell kann ich mein Lauftempo steigern?"* bzw. *„Wie schnell erreiche ich ein bestimmtes Lauftempo?"*, gibt es nach meiner jahrzehntelangen Erfahrung keine allgemein verbindlichen Antworten. Je nach der ererbten Grundschnelligkeit stoßen manche schon bei 6 oder 7 km/Stunde an ihre Grenzen, während andere sich innerhalb weniger Wochen auf 10 oder 12 km/Stunde steigern.

Selbstverständlich lassen sich durch regelmäßiges und langjähriges Training die Lauftempogrenzen etwas nach oben verschieben, aber was man bezüglich der Grundschnelligkeit nicht ererbt hat, kann man auch mit Trainingsfleiß nicht erwerben. Ausdauernder zu werden, d.h. statt einer zwei, drei oder vier Stunden laufen zu können, kann man, sofern man will, durch Training erreichen.

Versprechungen, dass man innerhalb von sechs Wochen eine Stunde ohne Pause oder nach sechs Monaten einen Marathon laufen kann, halte ich in solch allgemeiner Form für nicht realisierbar. Solche Erfolgsversprechen schaden der Ausdaueridee oft mehr als sie nutzen. Ein Körper, der jahrelang nicht trainiert wurde, muss langsam an die neuen Belastungen herangeführt werden, um lokale Überlastungen zu vermeiden. Die muskuläre Anpassung benötigt die drei- bis fünffache Zeit gegenüber der Verbesserung des Herz-Kreislauf-Systems. – Weniger ist oft mehr!

3.6 Laufvermögen und Witterung

Für das Laufvermögen des Einzelnen – und das gilt nach meinen Beobachtungen in verstärktem Maß für den Anfänger – spielt das Wetter, d.h. Temperatur, Luftfeuchtigkeit (Schwüle), Luftdruck sowie bevorstehender Wetterwechsel eine ebenso große Rolle wie seine Ausgangskondition. Tatsache ist: Es gibt, wie überall, gute und schlechte Tage, mal springt man wie ein junges Reh durch den Wald, mal sind die Beine schwer

wie Blei. Doch gerade dann hilft einem die Gruppe. Unterhält man sich mit seinem Nachbarn, bemerkt man die eigenen Probleme weniger und überwindet sie auch leichter, da man abgelenkt ist. Beobachtet man zusätzlich bei Mitläufern die gleichen Schwierigkeiten, dann werden automatisch die eigenen kleiner.

3.7 Laufen und Ozon

Ich möchte vorausschicken, dass wir alles tun müssen, um die Umweltverschmutzung zu reduzieren. Dazu gehören auch Maßnahmen zur Reduzierung des Ozonlochs in der Stratosphäre. Der Umfang dieses Buches lässt es nicht zu, dieses Thema in der wünschenswerten Tiefe darzustellen. Dennoch muss klargestellt werden: Bis heute ist mir keine einzige allgemein wissenschaftliche oder sportwissenschaftliche Veröffentlichung bekannt, in der nachgewiesen wird, dass Ozonwerte über 200 mg/m³ für den Menschen schädlich sind.

Eine von HOLLMANN in Köln durchgeführte Studie zeigte, dass Ozonwerte von ca. 600 mg/m³, d.h. dem dreifachen Wert gegenüber den heute üblichen Warnmeldungen, zu einem Leistungsabfall von 10% führten. In den USA gibt es Gebiete, in denen 1.000 mg/m³ jährlich gemessen werden, ohne dass Beeinträchtigungen bekannt sind.

Selbst eine Untersuchung des hessischen Umweltministeriums offenbart die bestehen Widersprüche zwischen vielen politischen Aussagen. So wird darin nachgewiesen, dass sich das Ozon, das in der Mittagszeit in städtischen Ballungszentren (z.B. Darmstadt) bei intensiver UV-Sonnenstrahlung durch Auto-, Haushalts- und Industrieabgase gebildet wird, abends zwischen 18 und 20 Uhr durch die gleichen Abgase wieder auf die Ausgangswerte abbaut. Das Gegenteil passiert in der wenige Kilometer entfernten Reinluftgegend (Höchst/Odenwald). Die zur Mittagszeit gleich hohen Ozonwerte reduzieren sich abends wegen der fehlenden Abgase nicht, sondern schaukeln sich von Tag zu Tag auf.

Dennoch laufen bei hohen Ozonwerten? – Die hohen Ozonwerte sind nicht das Problem. Es sind die gleichzeitig auftretenden Witterungsbedingungen. Bei Temperaturen über 30 °C, verbunden mit sehr trockner, staubhaltiger Luft, werden bei empfindlichen Menschen die Augen und die Atemorgane, insbesondere durch Gras- und Straßenstäube, intensiv gereizt. Zusätzlich belastet die Schwüle in Verbindung mit den hohen Temperaturen den Kreislauf.

Diese gleichzeitig auftretenden Witterungsbedingungen machen es empfehlenswert, die Trainingseinheiten in die kühleren Morgen- und Abendstunden oder gleich ins Schwimmbad zu verlegen. Man braucht auf das Lauftraining nicht zu verzichten, man muss jedoch die Belastungen unbedingt den Temperaturen und der Luftfeuchtigkeit anpassen. – Pulsmessungen werden Sie überraschen, wie stark Sie das Tempo drosseln müssen.

3.8 Was soll man beim Waldlauf anziehen?

Sie werden es kaum glauben: nicht das **Darüber,** sondern das **Darunter** ist das Wichtigere. Tragen Sie beim Laufen entweder Unterwäsche aus reiner Baumwolle – die Damen bis hin zum BH, oder solche aus Mikrofasern. Das ist umso wichtiger, je stärker sie schwitzen! Baumwolle saugt den Schweiß gut auf und man verringert die Gefahr des Wundscheuerns unter den Achseln und vor allem an den Brustwarzen – ein Problem, das Frauen und Männer in gleicher Weise betrifft.

Die Mikrofasern geben den Schweiß nach außen ab und erscheinen auf der Haut trocken. Dadurch vermindert sich das unangenehme Kältegefühl der nassgeschwitzten Kleidung. Trägt man mehrere Kleidungsstücke übereinander, so sollten sie aufeinander abgestimmt sein.

Wichtig ist, dass die Kleidung locker und luftig ist. Der lockere Sitz schützt vor zu großer Wärmeabgabe. Die T-Shirts und Sweatshirts sollen aus Baumwolle bzw. Mikrofasern sein. Der gute alte Trainingsanzug aus Mischgewebe ist heute durch Leggings aus Mikrofasern oder Wetterjacken aus GORE-TEX o.Ä. abgelöst. Die Oberteile sollten eine Kapuze und vorne einen Reissverschluss haben, den man beim Laufen, je nach Bedarf, auf- oder zumachen kann. Zumindest eine Tasche muss einen Verschluss haben, damit man die Auto- bzw. Hausschlüssel nicht verliert.

Nylonanoraks sollten nur (!) bei starkem Wind, insbesondere, wenn man über freies Feld laufen muss, getragen werden, damit man nicht auskühlt. Schon bei Regen halte ich die normale Trainingsjacke für besser als die Nylonanoraks, denn unter ihnen entsteht leicht ein Wärmestau! Warm halten und warm sein ist beim Laufen wichtig, aber eine Schwitzkur sollte man in der Sauna machen; beim Laufen bringt sie keine Vorteile. Man nimmt auch nicht ab, es kostet nur unnötig viel Kraft und man verliert gleichzeitig mehr wertvolle Salze als nötig.

Wie warm soll man sich überhaupt anziehen? Im Training immer etwas wärmer als im Wettkampf, da der Körper durch die höhere Wettkampfleistung mehr Wärme bei der Energieumsetzung erzeugt. Im Sommer bei Temperaturen über 20 °C: kurze Hosen und kurzärmeliges T-Shirt oder Trägerhemd. Unter 10°C: lange Hosen und Sweatshirts.

Wenn das Thermometer unter den Gefrierpunkt sinkt, sind Handschuhe, Mütze und lange Unterhosen keine Schande. Sinkt das Thermometer weiter, kann es zweckmäßig sein, in der ersten Viertelstunde einen Schal vor dem Mund zur Erhöhung der Atemtemperatur zu tragen. Danach wird die Lufttemperatur durch den Körper so weit vorgewärmt, dass sie für die Atmung ausreichend warm ist.

Wenn Sie bei **Dunkelheit** laufen – was vor allem im Winterhalbjahr oft nicht zu vermeiden ist –, tragen Sie bitte **schneeweiße** Oberbekleidung, damit Sie von entgegenkommenden Läufern frühzeitig erkannt werden und nicht mit ihnen zusammenprallen. Berücksichtigen Sie das beim Kauf Ihrer nächsten Trainingsjacke. Bis dahin genügt es, wenn Sie ein weißes Trägerhemd (Herrenunterhemd) über Ihren dunklen Pullover ziehen. Gelbe oder orangefarbene Oberbekleidung erfüllt wegen der sehr viel geringeren Leuchtkraft (Lichtreflexion) diese Sicherheitsanforderungen schon nicht mehr!

Wenn Sie auf Straßen mit Autoverkehr laufen müssen, sollten Sie unbedingt Reflexionsstreifen an den Armen, Beinen und auf dem Rücken tragen. Die von einigen Läufern benutzten Blinklampen sind für Einzelläufer gut geeignet, beim Laufen in einer Gruppe irritieren sie die Mitläufer.

Eine kleine Taschenlampe sollte immer mitgeführt werden.

3.9 Kann man sich beim Laufen erkälten?

Solange Sie Ihren Körper durch Bewegung warm halten, können Sie sich beim Laufen nicht erkälten. Im Gegenteil: Eine große Studie hat gerade gezeigt, dass durch regelmäßiges Ausdauertraining die Erkältungshäufigkeit auf die Hälfte zurückgeht, da das Immunsystem durch richtig betriebenes Ausdauertraining wesentlich verbessert wird.

Erkälten kann man sich nur hinterher, d.h. in dem Augenblick, in dem Sie mit dem Laufen aufhören und die feuchte oder nassgeschwitzte Kleidung noch am Körper tragen.

Deshalb:
Wechseln Sie sofort (!!!) nach dem Laufen die Kleidung, auf jeden Fall alles, was Sie am Oberkörper tragen – auch dann, wenn Sie nur wenig geschwitzt haben. Das ist ganz besonders im Winter der sicherste Schutz vor einer Erkältung!

Oft ziehen Läufer *nur* eine warme Jacke, einen Pullover oder Mantel über die Laufkleidung. Doch wen hat es in solchem Fall dann nach fünf oder zehn Minuten nicht schon einmal gefröstelt? Dem Körper wird zur Trocknung der feuchten Laufkleidung Wärme entzogen und in der damit verbundenen lokalen Unterkühlung lauert die Erkältungsgefahr. Deshalb noch einmal: sofort nach dem Laufen die Kleidung wechseln! – Wo, liebe Läuferinnen, ein Wille ist, findet sich auch eine dezente Ecke oder ein Auto.

3.10 Wer ist der ideale Laufpartner?

Vorsicht vor dem Ehepartner, wenn er ein guter Läufer ist! Vor allem, Vorsicht vor den Ehemännern. Sie überfordern meistens die *lauf-willige* Ehefrau hoffnungslos. In den seltensten Fällen haben sie Verständnis dafür, dass man nach jahrelanger Pause am Anfang nur ganz langsam traben kann und viele, insbesondere frühzeitige Verschnaufpausen (Gehpausen) benötigt. So manchem Partner ist durch eine Überforderung am Anfang das Laufen völlig verleidet worden.

Was passieren kann, wenn zwei ungleich starke Partner miteinander trainieren und der Bessere das Trainingstempo vorgibt, zeigt Abbildung 13. Für den besser trainierten Läufer B war es ein Trainingslauf bei ca. 80%, was auch durch seinen Laktatwert von 2,3 mmol/l bestätigt wird. Für den Läufer A war es ein Lauf zwischen 95 und 100%, d.h. an seiner absoluten Leistungsgrenze. Sein Laktatwert von 5,6 mmol/l zeigt, dass er fast ausschließlich im anaeroben Kohlenhydratstoffwechsel gelaufen ist und damit kein Ausdauertraining gemacht hat. Der Anstieg der Pulsdifferenz zwischen beiden von 22 auf 31 Schläge/Minute zeigt die zunehmende Übersäuerung und die damit verbundene Ermüdung von Läufer A.

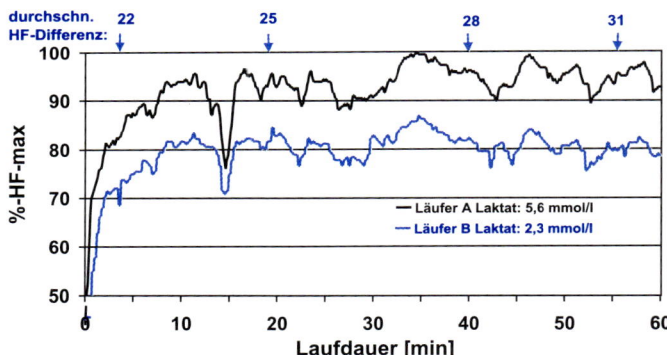

Abbildung 13:
Die Herzfrequenzkurven zeigen, was passiert, wenn zwei Läufer mit unterschiedlichem Trainingszustand zusammen trainieren und der Leistungsstärkere das Tempo bestimmt. Für B (untere Kurve) war es ein optimaler Trainingslauf mit einem Laktatwert 2,3 mmol/l, für A (obere Kurve) ein Wettkampf im anaeroben Bereich mit 5,6 mmol/l. Zusätzlich zeigt sich die zunehmende Übersäuerung bzw. Ermüdung von A. Die Pulsdifferenz von A steigt gegenüber B in der Trainingseinheit von 22 auf 31 Pulsschläge an.

Am leichtesten läuft es sich in einer Gruppe gleich starker – oder am Anfang – gleich schwacher Läufer. Im Idealfall wird diese Gruppe, wie bei vielen LAUF-TREFFs, von einem erfahrenen Leiter so geführt, dass die kleinen und großen Wehwehchen der Anfangsphase verstanden und überwunden werden. So betreut, wird der Anfänger von der Idee des Laufens begeistert sein!

Sind beide Ehepartner gleich oder fast gleich stark, dann kann ein gemeinsames regelmäßiges Lauftraining sich sehr positiv auf die Ehe auswirken. Zum Entspannungseffekt und dem gemeinsamen Hobby kommt die Zeit, die man beim Laufen hat. Wenn der Stress abgebaut ist, lösen sich auch Familienprobleme leichter.

3.11 Laufen mit Kindern

Dr. VAN AAKEN hat gezeigt, dass Kinder und Jugendliche lange Strecken problemlos laufen können. Gesundheitliche Schäden sind bis heute unbekannt. Man kann im Alter von fünf bis sechs Jahren beginnen. Kinder laufen lieber mit ihren Eltern als in speziellen Kindergruppen. Sie brauchen aber viel Ansprache bzw. einen Gesprächspartner beim Laufen. Das gemeinsame Lauftraining von Eltern und Kindern kann für die Beziehungen zwischen ihnen sehr vorteilhaft sein. Es setzt aber ein partnerschaftliches Verhältnis voraus, bei dem der Spaß am Laufen über dem Trainings- und Leistungsdruck stehen sollte. Fehlt die Ansprache, dann wird das Laufen für sie langweilig. Die Kinder und Jugendlichen werden wegbleiben.

Normalgewichtige Kinder und Jugendliche haben den großen Vorteil des geringen Gewichts, verbunden mit einem normalerweise gegenüber den Erwachsenen besseren Kraft-/Leistungsverhältnis. Für das Lauftempo lassen sich zwar keine einheitlichen Angaben machen, aber Kinder zwischen fünf und zehn Jahren können nach einigen Trainingstagen entsprechend ihrem Alter 5-10 km pro Stunde laufen.

Ein erfolgreiches Argument, Kinder von der Zweckmäßigkeit des regelmäßigen Lauftrainings zu überzeugen, ist, dass Laufen als Ausdauertraining die beste Basis für viele andere Sportarten bietet. Besondere Vorteile bringt es für die Ballsportarten.

 Sie können Kinder auch auf den längeren Strecken nicht überfordern. Wenn Kinder nicht mehr können, bleiben sie einfach stehen. –
Hier beginnt ein Problem für Eltern und Betreuer. Die Kinder können nicht mehr! Eltern, die das nicht akzeptieren, sondern ihre Kinder zum Weiterlaufen animieren oder nötigen, nehmen ihnen den Spaß am Laufen. Üben Sie deshalb auch keinen Leistungsdruck auf Ihre Kinder aus, denn nur mit Spaß am Laufen kann man auf der Langstrecke Leistung bringen.

3.12 Lauftechnik

Sehr häufig wird die Meinung vertreten, den Laufstil solle man nicht korrigieren. Manchmal heißt es sogar, man könne ihn nicht ändern. Und doch gibt es einige Bewegungsabläufe, die unbedingt beachtet und – wo notwendig – auch korrigiert werden müssen.

Aufrecht laufen

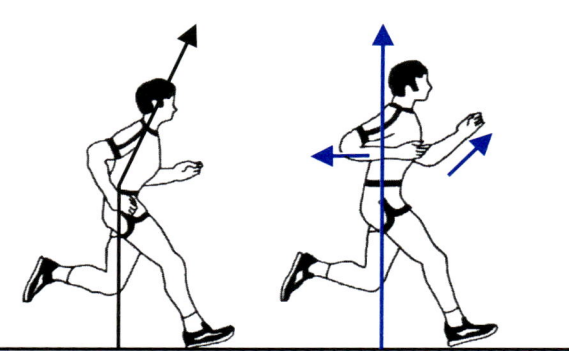

Abbildung 14:
Oberkörperhaltung beim Laufen.
Links: gebeugt = falsch   *Rechts: aufrecht = richtig*

Die Unterarme sollten nicht unter die Waagerechte absinken, da ein zu tiefes Abschwingen der Arme der Hebearbeit der Beine entgegenwirkt. In der Vorwärtsbewegung soll der Unterarm bis zu einem Winkel von ca. 45° nach oben gezogen werden, da dadurch die Hebearbeit der Beine optimal unterstützt wird. Die Ellbogen sollen dabei bis vor den Körper schwingen. Beides ist trainierbar.

Nehmen Sie den Kopf bzw. das Kinn hoch. Viele Läufer lassen sich nach vorne hängen (Abbildung 14). Dadurch kann die Wirbelsäule nicht mehr über dem Schwerpunkt des Körpers leicht und entspannt schwingen – es kommt zu einer dauernden Belastung der Bandscheiben. Bei einem nach vorne geneigten Körper müssen die Rückenmuskeln ständig Haltearbeit in einer dafür nicht vorgesehenen Position leisten, was zu einer Verspannung der Muskulatur und frühzeitiger Ermüdung führt. Ferner behindert der abgeknickte, nach vorn gebeugte Oberkörper eine tiefe Atmung.

Armarbeit statt Schulterverdrehen

Die Pendelbewegung der Beine muss durch eine Gegenbewegung im Oberkörper kompensiert werden. Da das Bein eine annähernd geradlinige Bewegung macht, soll die entsprechende Ausgleichsbewegung im Oberkörper ebenfalls geradlinig sein. Eine solche Bewegung kann nur von den Armen ausgeführt werden, und zwar dann, wenn sie im Schultergelenk schwingen. Die Hände müssen dabei – wie die Abbildung 15 zeigt – in Laufrichtung geführt werden: so wie die Pleuelstangen einer Lokomotive.

 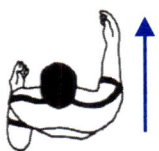

 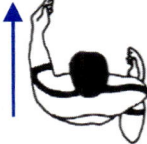

Abbildung 15:
Richtige Armführung beim Laufen: Die Arme sollen nicht vor dem Körper rotieren, sondern parallel zum Körper in Laufrichtung geführt werden.

Ein berühmter Trainer hat einmal gesagt: **„Das Laufen beginnt in den Daumen und endet in den Füßen."** Das bedeutet für Sie, wenn Sie die Armbewegung korrekt ausführen, bewegen Sie auch Ihre Beine richtig. Drehen Sie dagegen Ihre Schultern und schieben dabei Ihre Arme und Hände vor der Brust hin und her, so kommt es zu einer Torsionsbewegung des ganzen Körpers, die bis in die Füße hinunterreicht! Das bringt Unruhe in den Bewegungsablauf, führt ebenfalls zu Verspannungen der Rücken-, Schulter- und Nackenmuskeln sowie zu einer frühzeitigen Ermüdung. Die Torsionsbewegung ist eine Arbeit, die nicht in Laufrichtung, sondern quer zu ihr wirkt.

Laufen Sie aufrecht und gleichen Sie die Pendelbewegung der Beine mit den Armen aus, dann leisten Ihre Arme einen wichtigen Teil der Laufarbeit!

4 Atmung

Laufen, ohne zu schnaufen!?

Unter diesem leider vielfach missverstandenen Slogan hatte der Deutsche Sportbund in der Anfangsphase seine Laufaktion gestellt. Missverständlich ist er deshalb, weil der Ausdruck *„Schnaufen"* bei uns in einigen Landstrichen als Begriff für *„Atmen"* verwandt wird. Seine ursprüngliche Bedeutung dagegen  ist heftiges Atmen, außer Atem kommen. Unter dieser Voraussetzung wird auch der Slogan: **„Laufen, ohne zu schnaufen"** = **„Laufen, ohne außer Atem zu kommen"** verständlich. Dagegen ist *„Schnaufen = hörbares Atmen"* (Ausatmen) für den Läufer das Wichtigste.

4.1 Tiefes Atmen ist hörbar

Viele Anfänger glauben, es sei ein Zeichen der Schwäche, wenn man hörbar atmet. Das Gegenteil ist richtig. Beobachten Sie einmal Spitzenläufer, wie hörbar und tief, aber regelmäßig, diese im Wettkampf, aber auch im Training atmen. Ohne dieses tiefe Atmen wären sie gar nicht in der Lage, so hohe Leistungen zu erbringen. In diesem Punkt sollten Sie den Spitzenläufern unbedingt nacheifern. Konzentrieren Sie sich in der Anfangszeit bewusst auf Ihre Atmung: **Atmen Sie tief und hörbar aus!**

Wenn Sie Ihrem eigenen Ausatmen zuhören, können Sie sich selbst kontrollieren und prüfen, ob Sie wirklich völlig ausgeatmet haben. Hinzu kommt, dass es eine außerordentlich beruhigende Wirkung auf einen selbst hat, den eigenen Atem bewusst zu steuern und ihm zuzuhören. Nutzen Sie diesen Effekt ganz besonders dann aus, wenn Sie in *Bedrängnis* kommen.

Z.B. am Anfang eines Laufes oder zwischendrin, wenn das Tempo Ihnen etwas zu schnell ist und Sie Angst haben, das Tempo nicht mehr lange halten zu können. Die bewusste Konzentration auf Ihr tiefes

Ausatmen hilft Ihnen in diesen Augenblicken oft über die Klippen hinweg. Im Laufe der Zeit wird Ihr Körper wieder so optimal atmen, wie er es braucht.

4.2 Atmen Sie durch Nase und Mund

Wie vermeidet der Anfänger das *Außer-Atem-kommen*? Dazu gibt es zwei Wege: Man reduziert das Lauftempo, oder man verbessert seine Atemtechnik. Über Ersteres brauche ich nicht viel zu sagen, denn wenn wir außer Atem sind, reduziert unser Körper automatisch das Tempo. Also befassen wir uns mit der richtigen Atemtechnik.

!

Richtiges Atmen ist die wichtigste Voraussetzung zum Laufen.

Unsere Nasenquerschnitte allein reichen normalerweise nicht aus, um die notwendigen Luftmengen in die Lunge gelangen zu lassen. Ein Beispiel soll das verdeutlichen. Ein Anfänger, der in einem Tempo von ca. 6 km/Stunde trabt, benötigt für diese Leistung pro Minute ca. einen Liter Sauerstoff.

Die Luft enthält zwar knapp 21% Sauerstoff, doch kann der Mensch davon nur 4% aufnehmen. 17% atmet er wieder aus. Unter hoher Belastung können sich die 4% sogar noch verringern, nämlich dann, wenn man kurzatmig und flach atmet und die Luft im so genannten „Totraum" (den Luftweger) hin- und herschiebt.

Für den Anfänger bedeutet das, dass er, um einen Liter Sauerstoff absorbieren zu können, ca. 30 l Luft pro Minute einatmen muss. Beim Atmen durch die Nase kann man als wenig Geübter mit einem Atemzug aber nur 0,5-1 l Luft einatmen, und das ist zu wenig. Es wäre genauso, als wenn Sie versuchen, einen Luftballon nur durch die Nase aufzublasen.

Durch Nase und Mund dagegen atmet man bei bewusst tiefem Ausatmen auch als Laufanfänger ca. 2-3 l Luft pro Atemzug ein. Um einen Liter Sauerstoff aufzunehmen, reichen dann auch dem Untrainierten 10-20 Atemzüge. Durch regelmäßiges Ausdauertraining, z.B. durch Lauftraining, erhöhen Sie das Sauerstoffangebot Ihres Blutes, da sich seine Sauerstoffbindungs- und Transportfähigkeit verbessert.

4.3 Atmen Sie so tief wie möglich aus!

Das Geheimnis einer guten Atmung liegt im **Ausatmen**, denn, so einfach wie es klingt, bevor Sie einatmen können, müssen Sie ausgeatmet haben. Die durchschnittliche Lungenkapazität beträgt ca. 5-7 l. Selbst beim intensivsten Ausatmen verbleiben normalerweise ca. 1,5 l Luft in der Lunge und den Atemwegen (das so genannte „Totvolumen"). Die effektiv nutzbare Lungenkapazität beträgt ca. 3,5-5,5 l – je nach Größe Ihrer Lunge. Die Größe Ihrer Lunge ändert sich durch das Lauftraining nicht. Doch wie oben schon erwähnt und wie Abbildung 16 zeigt, nutzt der Untrainierte nur noch einen Teil, erfahrungsgemäß nur 2-3 l seiner Lungenkapazität.

untrainiert

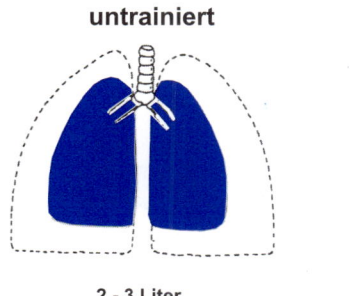

trainiert

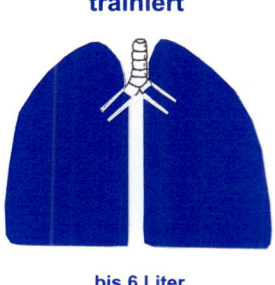

2 - 3 Liter

bis 6 Liter

Abbildung 16:
Aktives Lungenvolumen:
Links: untrainiert 2-3 Liter　　　*Rechts: trainiert bis sechs Liter*

Reaktivieren Sie Ihre aktive Lungenkapazität!

Allein schon durch Ihr bewusstes Ausatmen können Sie Ihr *aktives* Lungenvolumen um ein Drittel erhöhen. Dazu müssen Sie ganz tief und hörbar ausatmen – bewusst auch die letzten möglichen Luftreste herausdrücken – aber ohne zu „pressen"! Umso tiefer können Sie anschließend wieder einatmen. Deshalb brauchen Sie sich beim Laufen auch nur auf das tiefe Ausatmen zu konzentrieren.

4.4 Atmung und Schrittzahl

Früher wurden starre Regeln aufgestellt und selbst heute kann man in einigen Laufbüchern noch ausführliche Abhandlungen über Atem- und Schrittrhythmen lesen. Wenn man in der Ebene oder auf der Aschenbahn in gleich bleibendem Tempo trabt, stellen sie sich automatisch ein. Doch alle Theorien sind dahin, wenn Sie in wechselndes Gelände kommen. Beim Wechsel von bergauf und bergab gibt es keine festen Regeln mehr. Auch spielen Tagesform und Witterungsbedingungen eine Rolle. An Tagen, an denen uns das Laufen schwer fällt, müssen wir mehr atmen – entweder tiefer oder häufiger. Eine Festlegung bringt mehr Nachteile als Nutzen, denn gerade bei einem Anfänger ändert sich mit besser werdender Lauf- und Atemtechnik das Atem-Schritt-Verhältnis dauernd. Atmen Sie so, wie Sie es brauchen, und lassen Sie sich nicht durch nutzlose Vorschriften einengen.

4.5 Bauchatmung bzw. Zwerchfellatmung statt Brustatmung

Die Brustatmung ist zu flach und der markige Soldatenspruch *„Brust raus, Bauch rein"* mag zwar zum zackigen Aussehen führen, aber die Atmung wird dadurch nur eingeengt. Wie kann man am einfachsten prüfen, ob man richtig atmet?

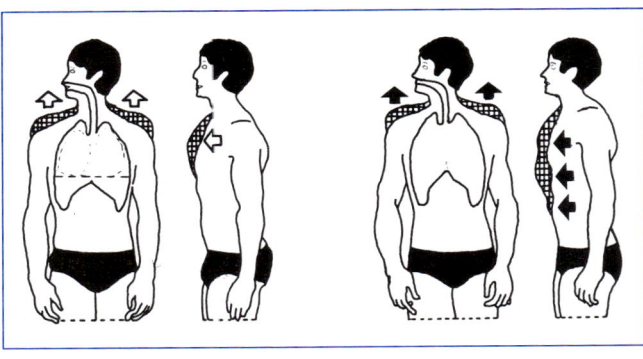

Abbildung 17: Die Atmung
Links: falsch = nur Brustatmung   *Rechts: richtig = Brust- und Bauchatmung*

Legen Sie sich auf den Rücken, beim Einatmen muss sich die Brust, vor allem aber auch der Bauch, nach oben bzw. außen wölben (Abbildung 17). Beim Ausatmen sinken dann beide zusammen.

Um zu prüfen, ob Sie es richtig machen und nicht pressen, legen Sie Ihre Hände seitlich auf die Rippen. Beim richtigen Einatmen spüren Sie die Spreizung der Rippen und damit die Dehnung des Brustkorbes.

4.6 Durch den Mund atmen, auch bei Kälte?

Die Meinungen gehen bei diesem Thema auseinander. Die Mediziner helfen uns bisher auch nicht weiter, sie beschäftigen sich normalerweise nur mit dem kranken Menschen und gehören immer noch selten zu den erfahrenen Langstreckenläufern. Es gibt zwar schon einige wissenschaftliche Untersuchungen, doch lassen sich die Ergebnisse noch nicht verallgemeinern.

Lassen Sie mich deshalb aus eigener Erfahrung und der vieler Kollegen sprechen:

Ich hatte bisher auch bei 20 °C unter dem Gefrierpunkt keine Probleme. Bis die kalte Luft in die Lungen gelangte, wurde sie meines Erachtens ausreichend erwärmt. Ich habe mich beim Laufen noch nie erkältet – doch gelegentlich schon mal danach, wenn ich, statt mir trockene Sachen anzuziehen, erst noch einen *Schwatz* gehalten habe.

Vorsicht ist dagegen an sehr windigen Tagen geboten und vor allem dann, wenn Sie über freies Feld laufen müssen. Unter diesen Bedingungen sollten Sie der Gefahr zu starker Auskühlung durch eine Nylonjacke vorbeugen, denn nur solange, wie der Körper warm ist und dampft, ist die kalte Atemluft eine angenehme Kühlung.

Wer sehr empfindlich ist, dem hilft an extrem kalten Tagen ein Schal vor dem Mund.

4.7 Seitenstiche

Mit dem Begriff *Seitenstiche* werden Schmerzen bezeichnet, die sehr unterschiedliche Ursachen haben. Ihre genaue Ursache ist bisher nicht bekannt. Z.Z. werden drei Theorien diskutiert:

1. Ein zu stark gefüllter bzw. mit ungenügend verdauter Nahrung gefüllter Magen, was linksseitige Bauchschmerzen auslöst.

2. Kapselspannungen in Milz und/oder Leber aufgrund des hohen Blutrückstroms aus dem Bein-Becken-Bereich, was rechtsseitige Beschwerden verursacht.

3. Sauerstoffminderversorgung des Zwerchfells. Hier können die „Seitenstiche" sowohl links wie rechts spürbar sein.

Vom zeitlichen Auftreten her können wir die Seitenstiche wie folgt unterscheiden:

▶ Die erste Art der Seitenstiche tritt bereits kurz nach Beginn des Laufens, nach ca. 5-15 Minuten, auf. Sie lässt einen momentan zu hohen Blutumlauf im Körper oder eine Unterversorgung der Zwerchfellmuskulatur mit Sauerstoff vermuten. Diese Art der Seitenstiche tritt überwiegend in den ersten Wochen des Lauftrainings auf – ein gut Trainierter kennt sie kaum.
Begegnen kann man ihr durch Reduzierung des Lauftempos (Verminderung des Sauerstoffbedarfes) oder, und das führt in den meisten Fällen schon zum Erfolg, durch bewusstes Atmen (Ausatmen). Die Seitenstiche werden nach wenigen Minuten verschwunden sein. Auf jeden Fall aber nach 20-25 Minuten, wenn der Körper aufgewärmt ist und sich dadurch der Sauerstoffbedarf verringert hat.

▶ Die zweite Art – meist erst nach ca. 40 Minuten oder später – beruht überwiegend auf Verdauungsproblemen, z.B. Blähungen im Darm. Sie betreffen Läufer und vor allem Läuferinnen mit träger Verdauung, die den ganzen Tag über gesessen haben oder diejenigen, die zu viel bzw. zu schwer Verdauliches gegessen haben.
Durch das Laufen wird die Darmtätigkeit angeregt. Dabei kann es zur Bildung von Darmgasen kommen. Dr. VAN AAKEN – einer der großen Väter des Ausdauertrainings – hat dieses Problem einmal sehr profan, aber zutreffend charakterisiert als: *„Ein Furz, der quer steckt."* Man muss ihn möglichst schnell loswerden. Für das *Wie*

gibt es keine Patentlösung – manche helfen sich durch kräftiges Kneten des Bauches, wodurch ein Verteilen der Darmgase erreicht wird, anderen hilft nur noch der schnelle Sprung in die Büsche.

Als Trost sei Ihnen gesagt, dass sich durch regelmäßiges Laufen die Verdauung so verbessert, dass Sie schon nach kurzer Zeit in dieser Hinsicht keine Probleme mehr haben werden. Im Gegenteil, wenn Sie bisher auf Verdauungshilfsmittel angewiesen waren, können Sie schon bald darauf verzichten.

Begegnen kann man dieser Art der Seitenstiche, indem man vor dem Laufen nichts Schwerverdauliches isst und für eine möglichst vollständige Darmentleerung sorgt.

► Die dritte Form erlebt normalerweise nur der Wettkampfläufer. Wir kennen das selbst von Weltklasseathleten, wenn sie Probleme mit dem Wettkampftempo haben oder bei Marathonläufern aus dem Breitensportbereich, wenn sie nach drei bis vier Stunden in die Phase der totalen Ermüdung kommen. Der Puls steigt in dieser Phase ohne Zunahme der Belastung an (Ermüdungspuls), die Energiedepots sind leer und die Muskulatur weitgehend übersäuert. Vorbeugen kann man in diesem Fall nur durch richtige Tempodosierung während des Wettkampfes; begegnen nur durch drastische Temporeduzierung.

4.8 Anpassungsprobleme des untrainierten Anfängers

Beim untrainierten Anfänger sind nicht nur Seitenstiche sehr häufig, sondern er hat gegenüber dem trainierten Läufer eine Reihe von Anpassungsproblemen, die sich zu einer erheblich höheren Herz-Kreislauf-Belastung addieren:

► Der untrainierte Muskel benötigt für die gleiche Leistung mehr Sauerstoff als der Trainierte.

► Der untrainierte Muskel benötigt doppelt so viel Zeit wie der Trainierte, um sich einer erhöhten Belastung anzupassen.

► Die Sauerstoffabgabe in den Muskelkraftwerken verläuft beim untrainierten Läufer wesentlich langsamer, d.h. er verfügt über weniger Sauerstoff zur Bindung des Wasserstoffs pro Zeiteinheit als der Trainierte.

- Der Untrainierte hat weniger Blut und damit stehen ihm weniger rote Blutkörperchen als Transportmittel für den Sauerstoff zur Verfügung.
- Der Untrainierte verfügt über weniger Muskelkraftwerke und damit über weniger Stellen, um Wasserstoffatome zwischenzulagern bzw. an Sauerstoff zu binden.
- Durch die flache Atmung des untrainierten Läufers – der Anfänger atmet ungenügend aus und entsprechend flach ein – wird nur ein Teil seiner Lungenkapazität zum Sauerstoffaustausch genutzt.
- Der untrainierte Läufer hat einen größeren Schlackestoffanteil, da der Körper wegen der insgesamt geringeren Durchblutung seltener entschlackt wird.

Das alles wird dadurch verstärkt, dass innerhalb der ersten 30 Minuten, d.h. solange der Körper (die Muskulatur) noch nicht auf *Betriebstemperatur* ist – ebenso wie ein kalter Automotor , durch die größeren Anteile anaerober Energieumsetzung mehr Sauerstoff (Sprit) benötigt wird als im *warmen* Zustand.

Was kann der Anfänger nun dagegen tun? Er muss seinen Sauerstoffbedarf verringern, indem er die Belastung durch langsameres Laufen oder durch Gehen herabsetzt oder das Sauerstoffangebot vergrößert, indem er besser atmet oder beides zusammen. Sie wissen ja: besser atmen heißt tiefer ausatmen – intensiv auf das tiefe Ausatmen konzentrieren.

5 Vor dem Laufen zum Arzt?

Als der Deutsche Sportbund 1974 die LAUF-TREFF-Bewegung ins Leben rief, empfahl er als Vorsichtsmaßnahme jedem über 40-Jährigen, vor Laufbeginn erst einmal einen Arzt zu konsultieren. Diese Forderung wird auch hin und wieder aus Ärztekreisen laut. In der täglichen Praxis hat sich eine solch pauschale Empfehlung erfreulicherweise als nicht notwendig erwiesen. Hinzu kommt, dass sie nur dann sinnvoll ist, wenn sehr umfangreiche sportmedizinische Belastungstests durchgeführt werden, und selbst diese bieten keine Gewähr, dass vorliegende Gesundheitsgefährdungen wirklich erkannt werden.

In begründeten Fällen jedoch, z.B. bei sehr hohem Blutdruck, bei Diabetes, bei akuten Beschwerden, empfiehlt sich der Gang zu einem dem Sport gegenüber möglichst positiv eingestellten Arzt. Dies kann auch ein Orthopäde sein. – Unter bestimmten Voraussetzungen kann Rad fahren oder Schwimmen wegen der geringeren Gelenkbelastungen die geeignetere Form des Bewegungs- bzw. Ausdauertrainings sein.

Bei fieberhaften Erkältungen, bei Grippe oder Magen-Darm-Infektionen dürfen Sie nicht laufen. Nach dem Abklingen der Infektion ist es sinnvoll, noch zwei oder drei Tage zu pausieren und erst dann wieder mit einem *leichten* Lauftraining zu beginnen.

5.1 Beschwerden beim oder durch Laufen

Bei jeder ungewohnten körperlichen Betätigung – gleichgültig, ob bei einer langen Wanderung, beim Rad fahren oder z.B. bei längerem Bücken, und sei es beim Erdbeerpflücken – meldet sich unser Körper mit dem einen oder anderen Signal. Dies zeigt uns, dass diese Tätigkeit nicht unserem augenblicklichen Trainingszustand entspricht.

Fängt man mit dem Dauerlauf an, so gibt es eine Reihe typischer Signale, wie z.B. Muskelkater in Waden oder Oberschenkeln, Schmerzen im Fuß oder Knie, Seitenstechen, übermäßiges Herzklopfen bis hin zu schlechtem Schlaf.

Solche Anfangsbeschwerden müssen bei leistungsgerechtem Lauftempo von Mal zu Mal abklingen und nach vier bis fünf Wochen ganz verschwunden sein.

Bei anhaltenden Schmerzen ist der Weg zu einem Arzt (am besten einem Arzt, der selbst läuft oder zumindest dem Sport gegenüber positiv eingestellt ist) immer angeraten; doch Vorsicht bei solchen Ärzten, die gleich zur Spritze greifen – Bewegung ohne Belastung ist oft die bessere Therapie.

5.2 Starkes Herzklopfen oder Schlaflosigkeit

Starkes Herzklopfen und Schlaflosigkeit sind fast immer ein Indiz dafür, dass die Belastung beim Laufen für Sie zu hoch war. Überprüfen Sie als Erstes das Lauftempo, insbesondere Ihr Anfangstempo in den ersten 20-30 Minuten.

5.3 Blasen

Blasen haben ihre Ursache entweder in der schlechten Passform Ihrer Schuhe oder in ungeeigneten Socken. Die schlechte Passform ist häufig auf mangelhaft geschnürte Schuhe zurückzuführen. Prüfen Sie deshalb, ob Sie Ihren Schuh auch sorgfältig und ausreichend fest geschnürt haben.

Die Passform lässt sich zum einen durch die Variation der Socken (dünn – dick) und zum anderen durch den Wechsel der normalerweise leicht herausnehmbaren Einlegesohlen ändern.

Einlegesohlen gibt es in verschiedenen Ausführungen und Dicken, wodurch man den Schuhraum z.B. stärker ausfüllen und dadurch ein Rutschen im Schuh verringern kann.

5.4 Verletzungen

Laufen ist eine sehr verletzungsarme Sportart. Dennoch ist man gegen Schürfwunden durch Hinfallen oder Verletzungen durch Umknicken nicht gefeit. Normalerweise gehen auch diese Vorfälle glimpflich ab. Dennoch lauert gerade in den leichten, wenig blutenden Schürfwunden die Gefahr der Infektion durch *Wundstarrkrampferreger*. Gegen sie sollten Sie sich grundsätzlich, da Sie sich überall Schürfwunden zuziehen können, impfen lassen. – Eine Wundstarrkrampfinfektion ist nicht nur qualvoll, sondern meist auch tödlich!

Beim Umknicken erfolgt in der Regel eine schmerzhafte Überbeanspruchung der äußeren Sprunggelenkbänder. Bei einfachen Überdehnungen reichen zwar kalte Umschläge. Dennoch – auch wenn Sie als Läufer die Selbsttherapie bevorzugen – sollten Sie am nächsten Morgen bei anhaltenden Schwellungen und Schmerzen einen Arzt (Orthopäden) aufsuchen.

Es kann aber auch zum Anriss, Durchriss oder knöchernem Ausriss der Bänder kommen. Bei dem geringsten Verdacht müssen Sie unbedingt einen Arzt aufsuchen, denn für eine einwandfreie Diagnose sind so genannte **gehaltene** Röntgenaufnahmen Voraussetzung.

5.5 Verhärtungen in den Waden

Verhärtungen in den Waden, oft auch als Muskelkater bezeichnet, sind häufig die Folge eines ungenügenden Haltes Ihres Fußes im Schuh (Ihr Fuß *schwimmt* im Schuh), was dann zu einer Überbeanspruchung der Wadenmuskulatur führt. Fast immer führt der Wechsel (Kauf) eines geeigneten Laufschuhs zur sofortigen Abhilfe.

Eine weitere Ursache kann in Ihrem Laufstil begründet sein, falls Sie nur auf den Zehenspitzen bzw. auf dem Ballen laufen. Diese für Sie als

Anfänger ungewohnte Vorfußbelastung äußert sich ebenfalls häufig in einer Verkrampfung der Wadenmuskulatur. Wenn Sie mit der Ferse aufsetzen und über den ganzen Fuß abrollen, wird die Verkrampfung abklingen.

5.6 Muskelkater

Muskelkater hat – wie wir heute wissen – nichts, aber auch gar nichts mit der Bildung von Milchsäure bei der Energieumsetzung zu tun.

Der Muskelkater – wie jeder ihn schon kennen gelernt hat – tritt normalerweise bei jeder ungewohnten körperlichen Betätigung auf und führt zur schmerzhaften Bewegungseinschränkung des überbeanspruchten Muskels.

Zur Überbeanspruchung eines Muskels kommt es in so genannten passiven Belastungsphasen eines Muskels. Lassen Sie mich dies an einem Beispiel erläutern. Wenn Sie bergauf laufen, müssen Sie aktiv Kraft über Ihre Beinmuskeln auf den Boden bringen, um Ihr Körpergewicht anzuheben. Da auch Ihre Körpersinne, insbesondere Ihre Augen, wahrnehmen, dass dazu viel Muskeleinsatz gefordert ist, spannen Sie automatisch genügend Muskulatur vor, um Ihren Körper anzuheben.

Das Gegenteil erfolgt, wenn Sie bergab laufen. Wenn Ihre Körpersinne dafür ungeschult sind, werden sie wahrnehmen, dass leichtes Bergablaufen *einfach* ist und eigentlich keinerlei Kraft bedarf. Wenn Ihre Sinne diesen Eindruck haben, werden zu wenig Muskeln vorgespannt. Die Konsequenz ist, dass die zu geringe Zahl angespannter Muskeln Ihr Körpergewicht abfangen muss.

Im einfachsten Fall kommt es dann zu einem Zerreißen der kleinen so genannten „Z-Scheiben" im Innern des Muskels. Der Ab- und Wiederaufbau dauert drei bis vier Tage. Im Gegensatz zum Muskelfaser- oder Muskelriss gibt es beim Muskelkater nicht nur keine Narbenbildung oder verbleibende Schwachstellen, sondern man vermutet heute, dass sich der Muskel an dieser Stelle durch zusätzliche Fibrillenbildung verstärkt.

Vorbeugen kann man ihm bedingt durch sorgfältiges Aufwärmen und Vordehnen der Muskulatur sowie durch langsame und individuell angepasste Belastungssteigerung. Die Koordination zwischen Wahrnehmung und Muskeleinsatz muss der Körper lernen.

Für die Behandlung von Muskelkater gilt: *bewegen, aber nicht belasten*. Jede Bewegung fördert die Durchblutung und damit die Heilung. Massagen und weitere mechanische Belastung, z.B. Weiterlaufen oder Turnen, sind schädlich und deshalb zu vermeiden.

6 Was der Läufer über seine Gelenke wissen sollte

Sehr viele Läuferinnen und Läufer beginnen im *besten Alter*, nach zehn- oder 20-jähriger sportlicher Abstinenz oder überhaupt zum ersten Mal im Leben, sich aktiv sportlich zu betätigen. Neben dem normalen Muskelkater können nach einiger Zeit Gelenk- oder Muskelschmerzen auftreten. Bei Langläufern kommen sie, entsprechend der Sportart, in den Fuß-, Knie- oder Hüftgelenken oder in den Waden- bzw. Oberschenkelmuskeln vor. Die Ursache der meisten dieser Schmerzen ist jedoch bei unseren Füßen zu suchen. Nur jeder Dritte von uns hat heute noch einwandfreie Füße. Die übrigen haben mehr oder minder stark ausgeprägte Senk-, Platt-, Spreiz- oder Knickfüße; manchmal auch Kombinationen dieser Fehlstellungen.

Kennen Sie Ihre Füße?

Doch was haben die Fehlstellungen unserer Füße mit Schmerzen im Knie oder Oberschenkel, eventuell sogar in der Hüfte oder im Rücken zu tun? Sehr viel!

Zum besseren Verständnis eine vereinfacht dargestellte Anatomie:
Unsere Gelenke werden durch Bänder zusammengehalten und durch Muskeln bewegt. Die Muskeln enden immer in Sehnen. Diese haben die Aufgabe, die Muskeln an ihren Enden an den Knochen zu befestigen oder verschiedene Muskeln untereinander zu verbinden. Damit ein Gelenk bewegt werden kann, ist es notwendig, dass die Kombinationen aus Muskeln und Sehnen mindestens über ein, häufig über zwei Gelenke verlaufen. Das gilt sowohl für viele Oberschenkel- als auch Wadenmuskeln. Die Ersteren verlaufen vom Becken bzw. von der Hüfte ausgehend über das Hüftgelenk, den Oberschenkel, das Kniegelenk und sind am Schien- oder Wadenbein befestigt. Bei den Wadenmuskeln ist es ähnlich. Ein Teil beginnt auf der Unterseite des Oberschenkels; unten sind sie dann z.B. über die Achillessehne an Fußknochen befestigt, d.h., sie verlaufen über das Knie- und das Fußgelenk.

Diese Sehnen-Muskel-Kombinationen stellen eine Einheit dar, bei der Ähnliches wie in der Technik gilt: Sie sind so stark wie ihr schwächstes

Glied. Fußfehlstellungen führen entsprechend ihrem Grad zu einer Fehlbelastung der Muskeln, Sehnen und Gelenke. Treten Schmerzen auf, so ist das ein Überlastungssignal des betroffenen Körperteils, d.h. des „schwächsten" Gliedes. **Wenn Schmerzen im Fuß, an der Achillessehne, im Knie oder Oberschenkel auftreten, liegt die Ursache dafür – sofern sie vom Laufen herrühren – in fast allen Fällen in der Kombination Fuß und Schuh** (Abbildung 18)!

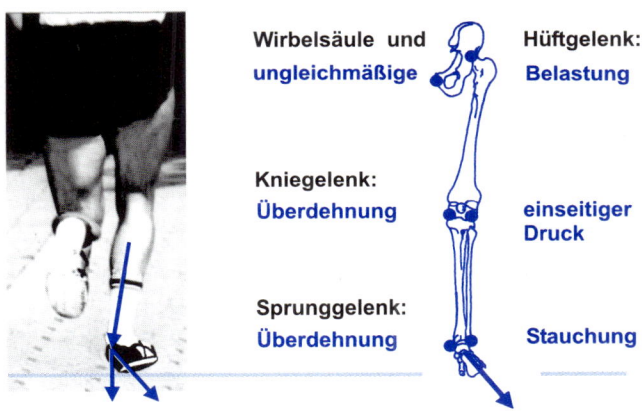

Abbildung 18:
Auswirkung einer starken Knickfußstellung auf die Gelenke

Solche Schmerzen kommen auch bei Läufern vor, die schon einige Jahre laufen, nämlich dann, wenn sie plötzlich die Trainingshäufigkeit oder die Trainingsdauer erhöhen.

Da wir unsere Füße nicht abschrauben und durch einwandfreie ersetzen können, müssen wir ihre Mängel durch den richtigen Schuh ausgleichen. Deshalb ist der Schuh für den Läufer das wichtigste *Kleidungsstück*! Alle anderen sind völlig zweitrangig. Doch wie viele Läufer tragen Tennis- oder Hallenturnschuhe oder gar billige Modelle vom Wühltisch aus dem Kaufhaus! Allein schon der Wechsel zum guten Laufschuh mit ausgeprägtem Fuß- und Fersenbett hat in vielen Fällen für die notwendige Korrektur gesorgt und damit die mit der Überlastung verbundenen Schmerzen beseitigt.

6.1 Kniebeschwerden

Kniebeschwerden treten bei Laufbeginn immer wieder einmal auf und sind als harmlos zu bezeichnen, wenn sie nach dem fünften oder sechsten Mal verschwunden sind.

Verschwinden die Kniebeschwerden nicht oder machen sie sich erst nach einer längeren Trainingszeit bemerkbar, so sind sie zu 80% ein Signal dafür, dass Sie einen defekten bzw. für Sie ungeeigneten Laufschuh tragen und/oder dass Sie Fußfehlstellungen, insbesondere Knickfußstellungen (Abbildung 18) haben, die eine Einlagenversorgung notwendig machen. Dazu ist eine Untersuchung bei einem Orthopäden angebracht.

6.2 Die Achillessehne

Achillessehnenbeschwerden sind nach meinen Beobachtungen bei Langstrecklern, die zu ca. 95% von der Ferse her aufsetzen, sehr viel seltener als bei denjenigen, die im Vorfuß aufsetzen. Bei den Vorfußläufern handelt es sich überwiegend um ehemalige Mittelstreckler, die ihren gewohnten Laufstil beibehalten haben. Der Vorfußläufer setzt im Ballenbereich auf und federt mit der Ferse anschließend bis zum Boden. Dabei wird die Achillessehne in kürzester Zeit stark, d.h. sehr schnell, gedehnt und um ca. 50% höher belastet als bei Läufern, die vom Rückfuß her aufsetzen.

Die sinnvollste Therapie wäre eine Änderung des Laufstils, d.h. eine Umstellung zum Aufsetzen im Rückfuß. Das Umsetzen dieser Empfehlung scheint, wie ich aus der Praxis weiß, nicht ganz so einfach zu sein. Hier muss der Kopf über das Gefühl siegen – manchem helfen dabei die Schmerzen einer andauernden Achillessehnenreizung.

6.3 Fußfehlstellungen und ihre Auswirkungen

Fußfehlstellungen sind nicht angeboren, sondern erworben. 99% aller Säuglinge kommen mit optimal ausgebildeten Füßen zur Welt. Zur weiteren Entwicklung brauchen die Füße der Säuglinge dann einen optimal ausgebildeten Haltehintergrund im Rumpf. Diesen erwerben sich aber nur wenige Säuglinge und Kleinkinder, da die meisten zu früh (passiv) aufgesetzt oder falsch getragen werden. Hier werden die Grundlagen für die späteren Fehlstellungen gelegt.

Im weiteren Leben kommt dann hinzu, dass wir die Füße häufig nicht nur nicht pflegen und durch Fußgymnastik trainieren, sondern sie durch zu kleine Schuhe (bei jedem zweiten Kind 1-2 Nummern!) oder ungeeignetes Schuhwerk auch noch zusätzlich traktieren.

Bei allen Muskel-, Sehnen- und Gelenkbeschwerden vom Fuß über Knie, Becken, Wirbelsäule bis zum Kopf sollten Sie als Erstes Ihre Füße auf Fehlstellungen (Senk-, Spreiz-, Knick-, Hohlfuß) untersuchen lassen. Klären Sie auch, ob Ihre Beine gleich lang sind.

Beinlängendifferenzen kann man messen; Differenzen von mehr als 1 cm werden normalerweise zu einem Teil ausgeglichen.

Senk-, Spreiz- und Hohlfüße erkennt man an der so genannten „Trittspur". Senkfüße, selbst in der Extremform des Plattfußes, bereiten beim Laufen nur selten Beschwerden. Den Spreizfuß kann man mit einer entsprechenden Pelotte stützen. Beim Hohlfuß dagegen sind Korrekturen kaum möglich.

Neben dem Spreizfuß ist der Knickfuß die Hauptursache für Gelenk-, insbesondere Kniebeschwerden. Seine Analyse sollte in drei Stufen erfolgen: einmal statisch, d.h. im Stand, und zweimal dynamisch, d.h. in der Bewegung, also im Lauf. Gelaufen werden sollte dazu einmal barfuß und einmal mit dem Laufschuh.

Für die Überlastungsdiagnose sind die beiden Letzten entscheidend, da kaputte wie auch ungeeignete Laufschuhe die Knickfußkomponente (Pronation) erheblich verstärken können und dadurch die Überlastung einzelner Gelenke provozieren.

Für die dynamische Analyse benötigt man ein Laufband und eine Videokamera mit Einzelbildschaltung. Im Optimalfall ist sie sogar mit einer Winkelanalysensoftware ausgestattet. Leider haben bisher nur wenig Ärzte solche Einrichtungen.

Dagegen verfügt bereits eine Reihe von Orthopädieschuhmachern und Sportgeschäfte mit besonders guter Laufschuhberatung über solche Diagnosemöglichkeiten. Da Sie selbst diese Verstärkung Ihrer Fußfehlstellungen in der Zeitlupe auf dem Videofilm erkennen können, ist die *Verordnung* eines besser stützenden Laufschuhs auch kein Eingriff in die Kompetenz des Arztes, sondern Ihre eigene Gesundheitsvorsorge.

7 Der richtige Laufschuh – unser wichtigstes Kleidungsstück

Warum ist der Schuh so wichtig?

➤ Der Schuh ist die Verbindung zwischen Ihrem Fuß und dem Boden! Im Gegensatz zu allen anderen Kleidungsstücken übt er mechanische Belastungen auf den Körper aus, die leider sehr schnell zu Fehlbelastungen führen können.

Dieser wichtigen Aufgabe wird leider – auch von vielen Orthopäden – bis heute immer noch zu wenig Beachtung geschenkt. Die meisten Gelenk- und Muskelschmerzen haben ihre Ursache im ungeeigneten oder ausgetretenen Schuh und ebenso im schief gelaufenen Absatz. Solange Sie die Ursache nicht abstellen, ist auch die beste ärztliche Therapie des überlasteten Körperteils auf Dauer wenig erfolgreich. Doch welcher Arzt lässt sich von den Läufern grundsätzlich bei Gelenk- und Muskelbeschwerden die Laufschuhe zeigen? In so manchem Fall hieße die Diagnose nicht: *„Arthrose"*, sondern: *„Kauf dir sofort neue Laufschuhe!"*

Der einwandfreie Trainingsschuh ist aus unserer heutigen Sicht die wichtigste Voraussetzung, damit das Lauftraining nicht nur für unser Herz-Kreislauf-System, sondern auch für unsere Gelenke gesund ist. Die Auswahl des richtigen Trainingsschuhes ist umso wichtiger, je härter der Weg ist, auf dem Sie laufen, oder umso ausgeprägter Ihre Fußfehlstellungen sind.

Den guten Laufschuh, der für alle Läufer gleich gut geeignet ist, gibt es nicht. Ein Modell kann für die Laufvorausetzungen des einen Läufers ideal und gleichzeitig für die eines an-

deren katastrophal sein. Die spezifischen Einsatz- und Laufbedingungen (s. auch Kapitel 7.1) des einzelnen Läufers sind entscheidend. Deswegen ist es auch unsinnig, wenn jemand heute noch Laufschuhe als *gut* oder *mangelhaft* beurteilt (Auch wenn so etwas ein so renommiertes Unternehmen wie die „Stiftung Warentest" tut, bleibt es Unsinn!) oder nach irgendwelchen Punktsystemen bewertet.

Die Auswahl eines wirklich geeigneten Laufschuhes für alle Läufer, insbesondere aber für den Laufanfänger, vor allem dann, wenn er noch einiges Übergewicht mitbringt, ist sehr schwierig. In den Regalen der Sportgeschäfte und Sportabteilungen der Kaufhäuser bzw. Schuhläden stehen über 300 verschiedene Modelle; dazu tauchen täglich neue Billigangebote und Imitationen bewährter Modelle auf. An einen funktionellen Laufschuh stellen wir heute nachfolgende Anforderungen:

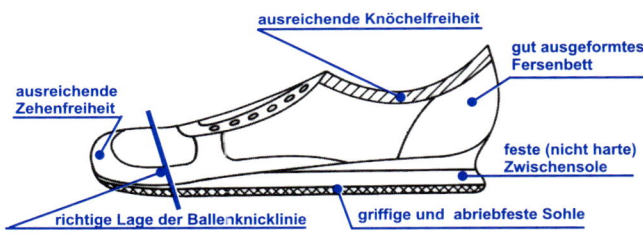

Abbildung 19:
Die wichtigsten Bereiche eines Laufschuhs

Der Laufschuh muss:
▶ einen **fußgerechten Leisten** haben, d.h. er muss Ihnen von Anfang an **einwandfrei passen**. Ihre Ferse muss **fest sitzen**, sie darf **nicht schlupfen**. Ihre Zehen brauchen **ausreichend Platz**, um sich bewegen zu können. Durch die bessere Durchblutung wird Ihr Fuß beim Laufen größer als beim Gehen. Beim Schuhkauf dürfen Sie

jedoch nicht von Ihren Straßenschuhen auf die Sportschuhgröße schließen. Die effektiven Größen können von Hersteller zu Hersteller um bis zu zwei Größen schwanken.

Sie müssen den Laufschuh anprobieren und müssen mindestens 1 cm, besser 1,5 cm *Luft* für Ihre Zehenbewegung haben. Kaufen Sie Ihre Schuhe am besten am Nachmittag, wenn Ihre Füße etwas angeschwollen sind, und tragen Sie zum Anprobieren dickere Socken, um sicherzugehen, dass Sie ausreichend Platz im Schuh haben.

▶ **Ihrem Fuß Halt geben. Ein guter Schuh stützt und führt den Fuß! Ein schlechter Schuh verführt Ihren Fuß**, da er zulässt, dass Ihr Fuss z.B. auf unebenem Untergrund nach links oder rechts *wegschwimmt* oder im Fersenbereich nach innen oder außen wegsackt. In allen Fällen kommt es zu erhöhter Gelenkbelastung oder sogar zur Überlastung. Der Halt des Schuhes muss umso besser sein, je ausgeprägter Ihre Fußfehlstellung ist.

Auf diesem Gebiet wird daher am meisten *gesündigt*, da viele Läufer ihre vorhandenen Fußfehlstellungen nicht kennen oder nicht wahrhaben wollen. Vorsicht deshalb bei sehr weichen Schuhen. Sie bieten zum einen häufig keinen ausreichenden Halt und zum anderen besteht die Gefahr, dass sich die Softschicht bei ungleichmäßiger Belastung, z.B. durch Knickfüße, oft schon nach wenigen hundert Kilometern einseitig bleibend zusammentritt. Damit werden solche Schuhe zum **Knickfußverstärker**, also äußerst gefährlich.

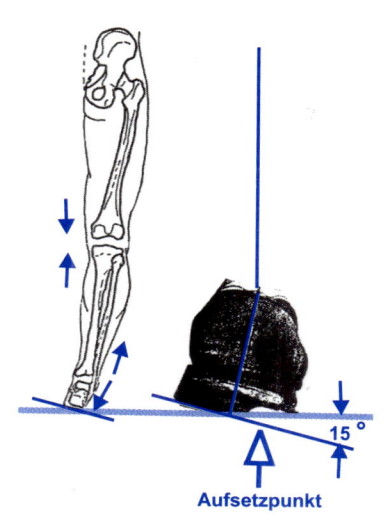

Abbildung 20:
Ein schief gelaufener Absatz oder eine weich gelaufene Zwischensohle wirkt wie das Laufen auf einer schiefen Ebene.

15 °

Aufsetzpunkt

Das Gewicht des Schuhs spielt – entgegen allen Werbesprüchen – für den normalen Trainingsschuh praktisch keine Rolle. Für je 100 g Schuhgewicht müssen Sie 0,1% Ihrer Energie als Hebearbeit einsetzen. D.h., wenn Ihr gut stützendes Modell 50 g schwerer ist als ein weniger stützendes Modell, kostet Sie das 0,05% mehr Energie. Wenn Sie bei Ihrem weniger stützenden Schuh dagegen bei jedem Schritt 5 mm absinken, müssen Sie für das erneute Anheben des Körperschwerpunktes 0,5-1,0%, also das Fünf- bis Zehnfache aufwenden (s. Abbildung 21). Dazu addieren sich noch die mit dem Durchtreten eines Schuhs verbundenen viskoelastischen Verluste in der Körpermuskulatur, die bis zu 25% Energieverluste ausmachen können.

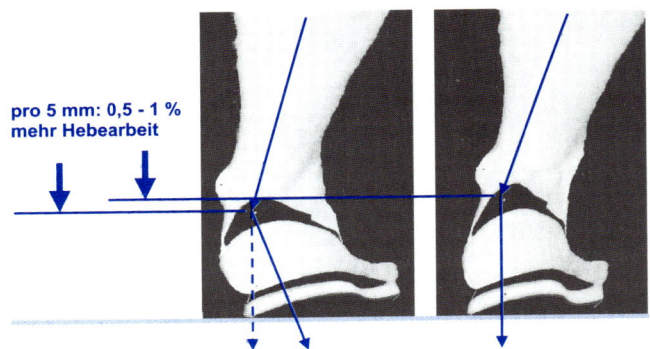

**pro 5 mm: 0,5 - 1 %
mehr Hebearbeit**

Abbildung 21:
Durch einen zu weichen und nicht ausreichend stützenden Laufschuh kann der Körperschwerpunkt bis zu 1 cm absinken. Das kostet nicht nur zusätzliche bzw. unnötige Energie (pro 5 mm: 0,5-1% mehr Hebearbeit), sondern stellt eine permanente Überlastung der Knie- und Hüftgelenke dar. Bei langen Distanzen führen diese Überlastungen zu vorzeitiger Ermüdung.

➤ eine **ausreichende Dämpfungswirkung** erzeugen. Zur Dämpfung gilt folgende Faustregel: Sie muss umso besser sein, je länger die Pause der sportlichen Aktivität war, je höher das Übergewicht des

Läufers und je älter der Läufer ist. Die Forderung nach Dämpfung findet aber sehr schnell dort ihre Grenzen, wo durch Gelände oder Lauftempo die Gefahr des „Schwimmens" besteht. Ebenso ist bei ausgeprägteren Fußfehlstellungen der Sitz, Halt und die Stütz-funktion im Schuh wichtiger als die Dämpfung.

Ohne eine sehr gute Beratung ist es schwierig, einen Laufschuh mit der für Sie optimalen Dämpfung zu finden. Ein Schuh, der Ih-nen im Geschäft als angenehm dämpfend erscheint, ist für Sie beim Laufen auf jeden Fall zu weich. Beim Laufen kommen Sie, je nach Lauftempo, mit dem 2-3fachen, bei sehr hohem Tempo sogar bis zum 5fachen Ihres Körpergewichtes auf dem Boden, genauer gesagt, auf dem Schuh auf. Dieser Belastung muss der Schuh standhalten, d.h., beim Gehen im Geschäft sollte sich der Schuh fest (nicht hart!) am Fuß anfühlen.

➤ eine **einwandfreie Abrollfunktion** besitzen. Die *Knickfalte* des Schuhes muss gut mit der Ihrer Zehengrundgelenke übereinstim-men. Für Läufer mit kurzen Zehen muss sie weit vorne liegen, für Läufer mit langen Zehen weiter hinten. Das lässt sich einfach überprüfen: Nehmen Sie die Spitze und die Ferse zwischen die bei-den flachgestellten Handflächen und drücken Sie den Schuh zu-sammen. Die *Knickfalte* muss exakt dort entstehen, wo Ihre Zehen-grundgelenke beim Laufen auch abknicken. Tut dies der Schuh nicht, so entsteht eine Einwirkung des Schuhes auf Ihre Vorderfuß-gelenke, die zu sehr schmerzhaften Überlastungen führen kann. Vorsicht deshalb bei allen Schuhmodellen, deren Zwischensohlen im Vorfußbereich gleich dick bleiben, anstatt kontinuierlich dün-ner zu werden, bzw. durch Kerben definierte Knickbereiche haben.

➤ **abriebfeste und geländegerechte Sohlen** haben. In Deutschland laufen im Gegensatz zu den USA nur wenige Läufer ausschließlich auf Asphalt und Beton. Aber dennoch ist eine Vielzahl von Model-len allein schon von der Sohlenkonstruktion her auf diese Unter-gründe abgestimmt. Für Wald- und Feldwege braucht man norma-lerweise griffige Profile. Bei den Profilen muss man darauf achten, dass die Rillen möglichst V-förmig ausgebildet und nicht zu eng sind, sonst klemmen sich Steine ein. Sehr wichtig ist, dass die Soh-le im Vorfußbereich fest genug ist, um das sehr unangenehme Durchdrücken von spitzen Steinen zu verhindern.

Der stärkste Abrieb erfolgt auf Asphalt- und Betonwegen, insbesondere, wenn man ein *Schieber* ist, d.h. beim Aufsetzen bei jedem Schritt den Fuß noch etwas über den Boden schiebt und so die Sohle regelrecht wegradiert.

▶ **haltbar** sein und einen **vernünftigen Preis** haben. Mit der Haltbarkeit hapert es heute weniger als noch vor ein paar Jahren. Dennoch kann man heute nur noch mit 1.000-1.500 km und in Ausnahmefällen bis 2.000 km Gebrauchstauglichkeit rechnen.

Die Preisspanne ist nach wie vor gewaltig. Sie reicht von 49,90 DM für *Wühltischangebote* bis zu 300 DM für Flaggschiffe und Exoten. Für viele Preise gibt es nur strategische, aber keine technischen Gründe. Bei den Preisen für Trainingsschuhe gilt in besonderem Maße, dass:

> **!**   **nicht alles, was teuer ist, auch für Ihre Füße gut sein muss!**

Im Bereich von 140 bis 200 DM – einer nicht nur für den Anfänger schon großen Spanne – gibt es ein so umfangreiches Angebot geeigneter Trainingsschuhe, dass höhere Ausgaben nur in Ausnahmefällen gerechtfertigt sind.

Neben den Trainingsschuhen gibt es Wettkampfmodelle; sie sind normalerweise leichter, weniger gedämpft und sollten wegen ihrer geringen Stützwirkung dem Wettkampf auf kürzeren Strecken, d.h. bis maximal 10.000 m, vorbehalten bleiben. Bei längeren Distanzen ist – wie schon oben erwähnt – die Stützfunktion ausschlaggebend. Dass entgegen den physikalischen Gesetzen sehr viele Läufer, z.B. über die schwere Marathondistanz, völlig ungeeignetes Schuhwerk tragen, ist wiederum eine Sache des Gefühls und nicht des Kopfes.

Abschließend eine herzliche Bitte an die Eltern des Läufernachwuchses. Für die Kinderfüße ist der beste Schuh gerade gut genug, auch wenn er das Gleiche kostet wie der Schuh für den Erwachsenen. **Im Alter bis zu 15 Jahren werden die Kinderfüße gebildet oder verbildet!** Von Anfang an richtige und vor allem genügend große, d.h. lange Schuhe tragen, heißt späteren Fußschäden vorbeugen. Eine große Untersuchung ergab gerade, dass die Hälfte aller Kinder um zwei (!!) Nummern zu kleine Schuhe trägt. Es ist sinnvoller, den Schuh etwas größer zu kaufen und verschleißen zu lassen, als ihn passend zu kaufen und ihn – weil er noch nicht verschlissen ist – auch dann noch zu tragen, wenn er schon zu klein ist. Der zu kleine Schuh ist die häufigste Ursache für den späteren Spreizfuß.

7.1 Welcher Schuh ist für Sie der Richtige?

Für die Beantwortung sind folgende Angaben notwendig:

- Wie hoch ist Ihr Trainingstempo – weniger (= schnell) oder mehr (= langsam) als 6 min/km?
- Ihr Körpergewicht – < 65 kg (leicht), 65-80 kg (mittel), > 80 kg (schwer)?
- Wie oft trainieren Sie pro Woche – haben Sie je Trainingstag ein Paar Laufschuhe?
- Anzahl der Trainingseinheiten über 20 km?
- Wo wollen Sie den Schuh tragen – Straße, Feld-, Waldwege?
- Haben Sie kurze oder lange Zehen?
- Haben Sie Fußfehlstellungen?
- Benötigen Sie einen Schuh mit guter Pronationskompensation?
- Bisherige Erfahrungen mit Laufschuhen?

Leider sind heute Beratungen, welcher Schuh für Sie zum Laufen geeignet ist, selbst in guten Fachgeschäften eine Ausnahme. Einige Fachzeitschriften sowie einzelne Hersteller bieten deshalb schon Übersichten an, in denen Sie Antworten auf die oben gestellten Fragen finden. Wegen des heute üblichen schnellen Modellwechsels ist das Eingehen auf einzelne Modelle an diese Stelle leider nicht möglich.

7.2 Einlagen

Reicht der Wechsel zum geeigneten Laufschuh nicht aus, so kann bei einem leichten Spreizfuß das Einkleben einer Spreizfußpelotte helfen. Sie muss aber am richtigen Platz sitzen!

Wenn Sie stärkere Fußbettkorrekturen für Ihren Fuß benötigen, lassen Sie sich eine Sporteinlage anfertigen. Solche Einlagen müssen grund-sätzlich Ganzeinlagen und auf Ihren Trainingsschuh abgestimmt sein (Halbeinlagen rutschen!). Als idealer Werkstoff hat sich neben Kork-/Schaumstoffkombinationen vernetzter Hochdruckpo-

lyäthylenschaum bewährt, der bisher aber nur von wenigen Speziali-
sten eingesetzt wird. Auf jeden Fall muss die Einlage fest genug
sein, um zu stützen, und elastisch genug, um die Abrollbewegung
des Fußes nicht einzuschränken. Hier sind in den nächsten Jahren
noch große Fortschritte zu erwarten.

8 Kann man durch Laufen abnehmen?

Diese von Anfängern häufig gestellte Frage kann man mit einem **JA, aber nur, wenn ...** beantworten.

Das JA hängt vom Zusammenspiel folgender Fragen ab:
- ▶ In welchem Stoffwechsel trainieren Sie – im anaeroben bzw. aeroben Kohlenhydrat- oder im Fettstoffwechsel?
- ▶ Wie lange dauern Ihre Trainingseinheiten?
- ▶ Wie oft trainieren Sie pro Woche?
- ▶ Welche anderen energieverbrauchenden Aktivitäten betreiben Sie noch?
- ▶ Wie ernähren Sie sich?

Wenn Sie im anaeroben Kohlenhydratstoffwechsel, der im Kapitel 2 ausführlich beschrieben wurde, laufen, nehmen sie auf keinen Fall ab, da nur 5% der in den Kohlenhydraten enthaltenen Energie verbraucht und der Rest dem Körper als Milchsäure wieder zugeführt wird.

Wenn Sie im aeroben Kohlenhydratstoffwechsel laufen und die Kohlenhydratdepots auch weitgehend ausschöpfen, ist ein Abnehmen ohne zusätzliche Ernährungsmaßnahmen unwahrscheinlich, da der Körper die Kohlenhydratdepots innerhalb kurzer Zeit wieder auffüllt.

Abnehmen wird erst möglich, wenn Sie einmal in der Woche eine Stunde traben und es dabei schaffen, auch in den Fettstoffwechsel zu gelangen. Sie verbrauchen dann z.B. bei ca. 70 kg Körpergewicht und mittlerem Lauftempo ca. 665 Kcal (2.750 Joule), d.h., Sie bauen Kohlenhydrate und Fette ab. Das Laufen im Fettstoffwechsel ist eine Grundvoraussetzung, wenn man beim Laufen abnehmen will, da nur unter diesen Voraussetzungen Fett abgebaut wird. – Auf die diversen Diäten soll hier nicht eingegangen werden.

Wie hoch der Energieverbrauch bei verschiedenen Sportarten ist, zeigt die folgende Übersicht – ob Sie im Fettstoffwechsel trainiert haben, zeigen Ihnen Ihr Laktatwert (<= 2 mmol/l) oder beim Laufen auch Ihre Pulswerte, wenn Sie deutlich unter 70% geblieben sind. (Die Pulsbelastungsbereiche sind bei den verschiedenen Sportarten unterschiedlich.)

Deutlich abnehmen kann man, wenn man die Trainingsdauer auf 1,5-2 Stunden verlängert. Dadurch werden die Kohlenhydrat- und Fettsäurespeicher stark geleert und die angesammelten Fettpölsterchen nach und nach abgebaut. – Solche langen Trainingseinheiten setzen aber einen guten Trainingszustand voraus. Für den Anfänger sind sie weder sinnvoll noch empfehlenswert, da er sie entweder gar nicht durchsteht oder die Gefahr der Überbelastung besteht.

Genauso entscheidend wie das Laufen im Fettstoffwechsel ist die *„Gretchenfrage"* :

„Und wie hältst du es mit deiner Ernährung?"

Alle Kombinationen sind nicht nur möglich, sondern tägliche Praxis.
- Die einen laufen viele lange Strecken, weil sie so gerne essen, und nehmen deshalb auch nicht zu.
- Die anderen wundern sich, dass sie trotz ihres häufigen Rennens im anaeroben/aeroben Kohlenhydratbereich und wenig Essen nicht abnehmen – sie verstehen nicht, dass sie im falschen Belastungsbereich trainieren.
- Die Dritten haben beides im Griff und bleiben rank und schlank.

Das Laufen hilft uns mehr als alle anderen Sportarten, unser Gewicht zu halten, denn Laufen gehört zu den Sportarten mit dem höchsten Energieverbrauch:

Körpergewicht	Schlafen	Gehen 4 km/h	Schwimmen 25 m/min	Rad fahren 15 km/h	Skilanglaufen	Laufen 10 km/h	
55 kg	55 230	151 633	242 1.013	296 1.239	495 2.072	523 2.188	kcal Joule
70 kg	70 293	193 806	308 1.290	377 1.577	630 2.638	665 2.746	kcal Joule
80 kg	80 335	225 921	352 1.474	430 1.802	720 3.014	760 3.182	kcal Joule

Hinzu kommt, dass Sie normalerweise 3-4 Stunden vor dem Laufen nichts mehr essen, weil es sich bekanntlich mit vollem Bauch schlecht läuft. Nach dem Laufen haben viele Läufer keinen Hunger. Sollten Sie jedoch zu denjenigen gehören, für die Laufen appetitanregend ist, dann essen Sie Salate, Quark etc. Wenn Sie sich die restliche Zeit des Tages normal ernährt haben, dann haben Sie an diesem Tag durch Ihre aktive Tätigkeit die aufgenommenen Kohlenhydrate wieder verbraucht.

8.1 Ernährung und Laufen

Hier scheiden sich die Geister! Da haben wir auf der einen Seite Läufer, die nur deshalb laufen, damit sie viel und gut essen können und dies durch körperliche Aktivität wieder loswerden wollen. Auf der anderen Seite sind die „Körnerfanatiker", für die alles, was nicht selbst geschrotet ist, eine Todsünde darstellt.

Es gibt unzählige Theorien, viele Bücher und etliche Reformhäuser, in denen man eine Menge Geld loswerden kann. Vielfach wird die Ernährung zu einer *Glaubensfrage* hochstilisiert.

Für denjenigen, der sich nicht bereits einer speziellen Ernährungsrichtung verschrieben hat, ist m.E. auch weiterhin die normale Mischkost das Richtige, wobei er bei der Zusammenstellung auf folgende Punkte achten sollte:

- Der Kohlenhydratanteil soll möglichst 60% erreichen.
- Der Fettanteil soll auf weniger als 30%, möglichst auf 25% reduziert werden (er liegt wegen der vielen versteckten Fette meistens viel zu hoch).
- Lieber häufig wenig essen, als wenige Male viel. Der Magen gewöhnt sich an kleine Portionen.
- Bei langsamem Kauen stellt sich das Sättigungsgefühl frühzeitiger ein als bei schnellem Essen.
- Die *hungrigen* Augen, die einen oft *zu mehr als nötig* verführen, kann man leider nur mit Vernunft sättigen. Auch hier hilft langsames Essen.
- Die Tageszeit spielt ebenfalls eine Rolle: morgens und mittags gehaltvoll, abends kalorienarm. Alles, was abends nicht mehr verbraucht wird, hebt der Körper für *schlechte Zeiten* auf – und so entstehen die Fettpölsterchen, eins nach dem anderen.
- Viel Obst und Salate als vitamin- und ballaststoffreiche bzw. kalorienarme Nahrung.

8.2 Voller Bauch und Laufen?

Die meisten wissen, dass man mit vollem Bauch schlecht oder gar nicht laufen kann. Die Erklärung dafür ist recht einfach. Zum Abbau der Nahrung im Magen und Darm sowie zum Abtransport der dort gewonnenen Nährstoffe wird sehr viel Blut benötigt. Der Körper kann dazu seine Blutströme steuern. Das Blut, das im Verdauungsbereich benötigt wird, steht nicht zur Sauerstoffversorgung der arbeitenden Muskulatur zur Verfügung (s. Kapitel 2.7 „Warmlaufen"). Deshalb muss man erst verdaut haben, damit man dann gut laufen kann.

Hinzu kommt die Gefahr mechanischer Belastungen auf das Herz, die sich in Reflexen mit Auswirkungen auf das Reizleitungssystem des Herzmuskels auswirken. Es kann dadurch sogar zum Kollaps, im schlimmsten Fall zum Herzstillstand kommen.

8.3 Trinken und Laufen

Der Flüssigkeitshaushalt spielt für den Läufer eine ganz wichtige Rolle und kann an heißen Tagen von existenzieller Bedeutung werden. Bei der Energieumsetzung entsteht im Muskel Wärme, die man an kalten Tagen als angenehm empfindet. An warmen Tagen dagegen fehlt die äußere Kühlung, dadurch steigt die Körpertemperatur an, und der Körper muss auf sein eigenes Kühlsystem umschalten. Wir kennen es alle: Der Körper schwitzt. Er scheidet Wasser aus, das auf der Haut verdunstet und dadurch dem Körper Wärme entzieht.

Diese Schweißabgabe (Wasserverlust), die 2-3 l betragen kann, ist aber nicht unbegrenzt möglich. Mit dem Schweiß gehen dem Körper auch wertvolle Mineralsalze verloren, die möglichst schnell wieder aufgefüllt werden müssen, z.B. in Form von Mineralwasser, gespritztem Apfelsaft, Mineraldrinks, Fleischbrühe, ungesüßtem oder leicht gesüßtem Tee etc.

Beim Mineralwasser ist auf einen möglichst hohen Gehalt an Magnesium (Mg > 100 mg/l), Calcium (Ca > 250 mg/l) sowie auf einen möglichst niedrigen Natriumanteil (Na < 50 mg/l) zu achten.

Der gespritzte Apfelsaft – auch Apfelsaftschorle genannt – ein Gemisch z.B. aus 1/3 Apfelsaft und 2/3 Mineralwasser, ist bei der Verwendung eines naturreinen Apfelsafts genauso gut, aber wesentlich preiswerter als die meisten angepriesenen Mineraldrinks.

An besonders heißen Tagen empfiehlt es sich sogar schon vorbeugend, vor dem Laufen 0,5-1 l Flüssigkeit zu trinken. Was Ihnen am besten bekommt, kohlensäurefreies Mineralwasser, gespritzter Apfelsaft, Tee, Mineraldrinks etc., müssen Sie selbst ausprobieren, da dies weniger eine Frage des Geschmacks, sondern vielmehr der Bekömmlichkeit ist.

8.4 Elektrolyte und Laufen?

Wer nur ein- oder zweimal in der Woche eine Stunde vernünftig, d.h. mit 60-80%, ein Ausdauertraining betreibt und seinen Flüssigkeitsverlust mit Mineralwasser oder gespritztem Apfelsaft wieder auffüllt, braucht aufgrund des Ausdauertrainings keine zusätzliche Elektrolytaufnahme.

Anders sieht es aus, wenn man im Sommer häufiger längere Trainingseinheiten absolviert. In diesen Fällen muss man auf eine ausreichende Elektrolytaufnahme achten. Besonders wichtig ist die Magnesiumversorgung. Magnesium ist nicht nur eines unserer wichtigsten Elektrolyte, sondern an der einwandfreien Funktion von ca. 350 Vorgängen, insbesondere bei der Steuerung und Versorgung der Muskeln, beteiligt. Muskelkrämpfe z.B., insbesondere wenn sie nachts nach einem intensiven Ausdauertraining auftreten, deuten auf einen Magnesiummangel hin.

Magnesium wird vom Körper nur schwer aufgenommen, deshalb empfiehlt es sich, täglich über einen längeren Zeitraum (2-3 Monate) nur kleine Mengen zu nehmen. Als grobe Faustregel gilt: Wenn man die Menge verdoppelt, werden nur 20% mehr aufgenommen, und der Rest wieder als *teuer bezahlter* Urin ausgeschieden. Als einzige mir bekannte Nebenwirkung bei Überdosierung kann Durchfall eintreten. Zu sonstigen Nebenwirkungen fragen Sie Ihren Arzt oder Apotheker. Magnesium ist kein Dopingmittel und in jeder Apotheke erhältlich.

Beachten müssen Sie unbedingt, dass Sie Magnesium nicht zusammen mit Calzium einnehmen, da sich dann beide Wirkungen neutralisieren. Sollten Sie beides nehmen wollen, so sollten Sie das eine am Morgen und das andere am Abend nehmen.

Den Eisenhaushalt, nicht nur den Hämoglobingehalt, sondern auch das Speichereisen, sollten vor allem Frauen regelmäßig bestimmen lassen. Eisenmangel ist sehr häufig die Ursache für einen sonst unerklärbaren Leistungsabfall.

8.5 Diät und Laufen?

! Vorsicht!!! – In dieser Frage muss ich besonders die Damen ansprechen, da sie mit Diäten mehr experimentieren als die Männer. **Besondere Vorsicht ist bei NULL-Diät + Laufen geboten**, von der sich manche Läuferin einen optimalen Abnehmeffekt verspricht.

Das funktioniert nur selten, denn woher soll die Energie zum Laufen kommen, wenn die Energiespeicher durch die NULL-Diät leer sind. Ein Auto mit leerem Benzintank kann auch nicht fahren. Ich habe es beim

LAUF-TREFF schon mehrfach erlebt, dass bei NULL-Diät-Läuferinnen nach einer halben Stunde nichts mehr ging und ihnen sogar schwarz vor den Augen wurde. Sie waren einfach leergebrannt. Dies gilt wiederum in besonderem Maß für die Anfängerin, da sie nur über sehr geringe Fettsäuredepots verfügt.

Vorsicht ist bei allen Diäten geboten, bei denen dem Körper einseitig bestimmte Nährstoffe vorenthalten oder sogar entzogen werden. Dazu gehören auch die Entwässerungs- oder Entschlackungstees u.Ä. Durch sie werden dem Körper oft wichtige Mineralstoffe, z.B. Kalium, Calzium, Magnesium etc. entzogen, über deren Zusammenwirken wir heute noch sehr wenig wissen, deren ausgewogenes Verhältnis aber für eine einwandfreie Muskelfunktion Voraussetzung ist.

9 Gymnastik und andere Sport- arten

Laufen ist Ausdauertraining und trainiert Ihr Herz-Kreislauf-System sowie Ihre gesamte Rumpf- und Beinmuskulatur. Das Ausdauertraining ist jedoch nur eine von fünf Trainingsgrundformen:

➤ Koordinationstraining
➤ Beweglichkeitstraining
➤ Schnelligkeitstraining
➤ Krafttraining
➤ Ausdauertraining.

Jede dieser Grundformen verlangt ein **eigenes**, gezieltes Training. Sie beeinflussen sich zwar untereinander, es lässt sich aber keine durch eine andere ersetzen. D.h., wenn man die Schnelligkeit verbessern will, muss man Sprinttraining machen und zum Training der Beweglichkeit Gymnastik betreiben.

Wer einseitig nur Ausdauertraining betreibt, darf sich nicht wundern, wenn er zu einem unbeweglichen, „steifen Bock" wird.

Das Koordinations- und Schnelligkeitstraining hat im Kindes- und Jugendalter eine ganz wesentliche Bedeutung. Dort werden Grundlagen gelegt, die später überhaupt nicht oder nur mühsam erlernt werden können. Deswegen sind diese Trainingsformen in diesen Altersstufen wichtiger, als einseitig nur Ausdauertraining zu betreiben.

Kraft braucht man z.B. zum Heben, Werfen, Stoßen, aber auch zum Bergauflaufen; Schnellkraft zum Sprinten und Springen. Diese Trainingsformen haben ab dem Jugendalter und insbesondere zwischen dem 18. und 30. Lebensjahr ihren Höhepunkt und verlieren nach dem 60. Lebensjahr altersbedingt an Bedeutung.

Gymnastik dagegen ist Beweglichkeits- und Kräftigungstraining. Die beim Ausdauertraining verkürzte Muskulatur muss, um beweglich zu bleiben, wieder gedehnt werden. Das Beweglichkeitstraining ist neben oder sogar noch vor dem Ausdauertraining die wichtigste Trainingsgrundform, die vom frühesten Kindesalter bis ins höchste Seniorenalter betrieben werden sollte.

In diesem Zusammenhang sollte man wissen, dass ein Muskel nur eine Arbeitsrichtung kennt: sich zusammenzuziehen. Um ihn wieder zu dehnen, braucht er einen Gegenmuskel (Antagonisten), der ihn wieder auseinander zieht. Beide müssen im richtigen Kräfteverhältnis zueinander stehen. Lassen Sie mich dies am Beispiel der Rücken- und Bauchmuskulatur verdeutlichen (s. Abbildung 22).

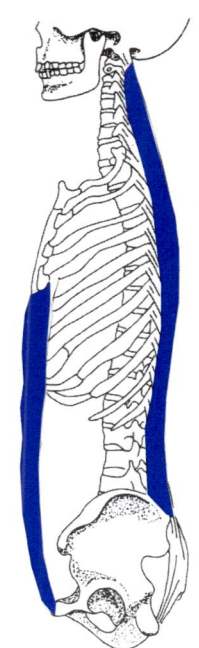

Abbildung 22:
Die Bauchmuskulatur streckt und dehnt die Rückenmuskulatur. Beide müssen im Gleichgewicht sein. Nur regelmäßige Gymnastik kräftigt die Bauchmuskulatur.

Die Rückenmuskulatur wird als Haltemuskulatur bei jedem Lauftraining, aber auch bei langem Stehen und Sitzen, trainiert. Der Gegenmuskel (Antagonist) der Rückmuskulatur ist die gerade und schräg verlaufende Bauchmuskulatur. Sie muss durch Gymnastik so gekräftigt werden, dass sie stark genug ist, die Rückenmuskulatur nach jedem (Lauf-) Training wieder völlig zu dehnen und diese Dehnung auch zu halten.

Ist die Bauchmuskulatur zu schwach, so unterbleibt diese notwendige Dehnung der Rückenmuskulatur. Sie verkürzt sich dauerhaft. Es kommt dadurch zur Bildung eines Hohlkreuzes, das mit einem Abkippen des Beckens nach vorne und einem *„schlaffen Bauch"* verbunden ist.

Das Abkippen des Beckens nach vorne bedeutet für den Läufer eine Verkürzung seiner Schrittlänge und damit Verschlechterung seiner

Wettkampfergebnisse. Dieser Aspekt ist aber, verglichen mit den unzähligen, auf der Verkürzung der Rückmuskulatur beruhenden Rücken-, Bandscheiben-, Ischias- und im Einzelfall auch Kopfschmerzen, von untergeordneter Bedeutung. Es zeigt nur, wie schwer es dem Kopf fällt, dem Gefühl zu erklären, dass eine gezielte Gymnastikeinheit für gute Wettkampfergebnisse effizienter ist als die dadurch *verlorene* Laufeinheit.

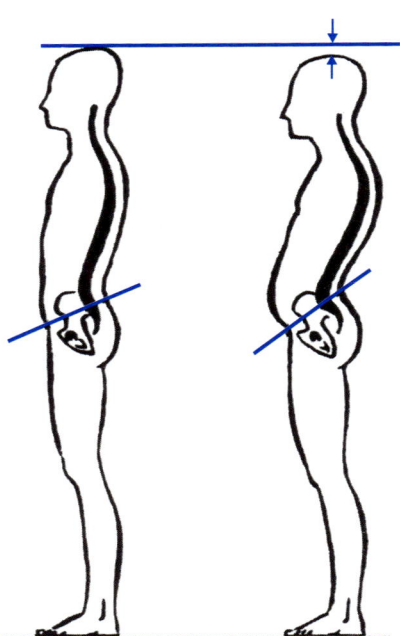

Abbildung 23:
Das Abkippen des Beckens nach vorne ändert die gesamte Körperstatik und führt zum so genannten Hohlkreuz. Für den Läufer bedeutet das eine Verkürzung seiner Schrittlänge und damit eine Verschlechterung seiner Wettkampfergebnisse. Dieser Aspekt ist aber, verglichen mit den unzähligen, auf der Verkürzung der Rückenmuskulatur beruhenden Rücken-, Bandscheiben-, Ischias- und im Einzelfall auch Kopfschmerzen, von untergeordneter Bedeutung.

Wie wichtig die Gymnastik ist, zeigt auch eine Untersuchung der Universität Tübingen, aus der hervorgeht, dass Läufer, die keine Ausgleichsgymnastik machen, wesentlich häufiger verletzt sind und insbesondere über Beschwerden im Bereich der Wirbelsäule klagen als Vieltrainierende, die regelmäßig gezielte Gymnastik treiben.

Eine gezielte Gymnastik, wir sprechen heute auch von „funktioneller Gymnastik", die bei den Zehen beginnt und am Halswirbel endet, dauert **mindestens eine Stunde** und sollte unter Anleitung mit Korrektur erfolgen. Ohne Anleitung besteht die Gefahr, dass man – weil einfacher – Ausweichbewegungen macht und dadurch nicht den Muskel dehnt, den man eigentlich dehnen will. Solche Anleitungen erhält man in der Regel in Sportvereinen eher als in Fitnessstudios. In den Studios werden häufig auch nur die Übungen trainiert, die man gut kann, und nicht diejenigen, die man unbedingt machen sollte.

Solche Gymnastikeinheiten sollte man ergänzend zu allen Sportarten mindestens einmal pro Woche machen. Zweimal wäre schon optimal. – Im Anhang finden Sie Beispiele für Dehn- und Bauchmuskelkräftigungsübungen, die sich auch zu Hause durchführen lassen.

Solche Dehnübungen während einer Ausdauertrainingseinheit, d.h. nach 5 min oder 30 min durchzuführen, was immer noch bei einigen LAUF-TREFFs angeboten wird, ist, wie sich aus Abbildung 8 ergibt, unphysiologisch, da der Puls und damit die Sauerstoffversorgung viel zu stark abfällt.

Will man dagegen Tempo- und Intervalltraining an der aeroben/anaeroben Schwelle machen, dann sollte man nach dem Warmlaufen eine ausführliche Dehn- und Lockerungsgymnastik einlegen.
    Vor dem Laufen sollten Sie Dehn- und Stretchingübungen nur dann durchführen, wenn Sie diese auch einwandfrei beherrschen. Sonst besteht die Gefahr, dass Ihre noch „kalte" Muskulatur gezerrt oder verletzt wird.

Schwimmen und Rad fahren stellen nicht nur gute Ergänzungen zum Laufen dar, oft, z.B. bei Verletzungen, können sie oder z.B. Aquajogging zur Alternative werden, denn Herz und Kreislauf werden ebenfalls trainiert. Die Gelenke werden dagegen geschont, da das Körpergewicht sie nicht belastet.

10 Anhang

Die kleine Auswahl der aufgezeigten Dehn- und Bauchmuskelkräftigungsübungen soll Sie anregen, Ihr Laufen durch eine gezielte Gymnastik zu ergänzen.

Es ist zumindest in der Anfangszeit empfehlenswert, diese Übungen unter Anleitung eines qualifizierten Übungsleiters durchzuführen, damit man Ausweichbewegungen vermeidet und lernt, die Gesäßmuskulatur, die Frauen noch zusätzlich die Beckenbodenmuskulatur, richtig zu spannen.

Bevor Sie mit den Übungen beginnen, müssen Sie sich ein paar Minuten bewegen. Am besten mit langsamem Traben auf der Stelle.

Führen Sie die Übungen nicht ruckartig, sondern langsam aus. Halten Sie die Spannung jeweils ca. 20 Sekunden. Spannen Sie immer die Gesäßmuskeln an. Jede Übung sollte zwischen 5- und 20-mal wiederholt werden.

1. Dehnübungen

1. A Zwischen eine Tür stellen, einen Arm in der Hochhalte hinter den Türstock, den anderen in der Tiefhalte vor den Türstock führen. Oberkörper so weit nach vorne schieben, bis ein Dehngefühl im Rücken eintritt. Gesäß- und Bauchmuskulatur anspannen.

1. B Dehnung der seitlich Rücken-, schrägen Bauch- und Lendenmuskulatur. Übung auch im Stehen.

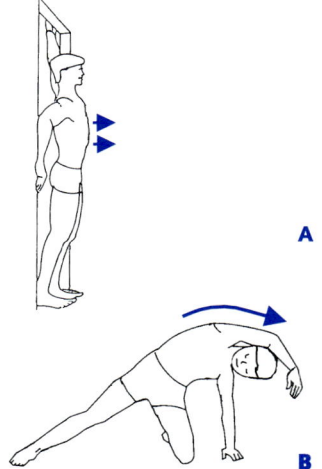

A

B

1. C Beine gestreckt nebeneinander legen. Mit möglichst **geradem** Rücken Arme zu den Füßen führen und die Lendenwirbel dehnen.

1. D Arme mit gestrecktem Rücken auf dem Boden nach vorne schieben, das Gesäß auf den Fersen absetzen. Streckung des Rückens und der Arme.

1. E In der Froschhaltung den Rücken nach oben drücken und bis zu den Halswirbeln dehnen.

1. F Arme und Beine strecken, mit maximaler Streckung der Beine und Arme in Bauch- bzw. Rückenlage. Streckung halten und nach und nach verstärken. Zuerst beide Arme und Beine gleichzeitig, dann rechter Arm und rechtes Bein zusammen, dann links und in der Diagonalen.

1. G Den angewinkelten Fuß zur Decke strecken, Knie durchdrücken, Fuß anflexen. Das andere Bein bis in die Zehen gestreckt auf den Boden drücken. Gleichzeitig darauf achten, dass der Rücken auf der Unterlage liegen bleibt.

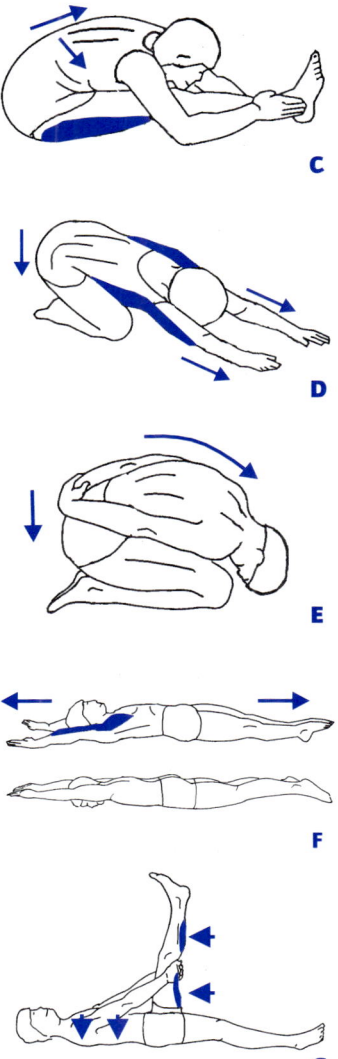

C

D

E

F

G

1. H Ein Bein gebeugt an die Brust ziehen, das andere Bein bis in die Zehen gestreckt auf den Boden drücken.

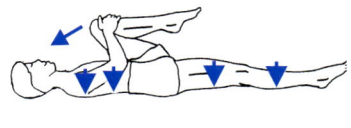

1. I Linken Arm zur Seite ablegen, gestrecktes Bein ist locker. Das andere Bein in Hüfte und Knie rechtwinklig abbeugen und über das gesteckte Bein in Richtung Boden absinken lassen. Mit der Hand noch näher zum Boden drücken und zur Brust hin ziehen. Den Rücken fest auf den Boden drücken, er soll sich nicht lösen.

H

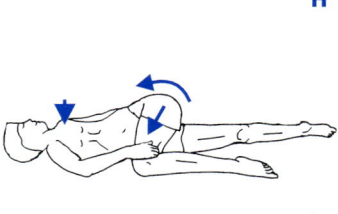

I

2. Kräftigungsübungen für die Bauchmuskulatur

2. A Knie- und Hüftgelenke rechtwinklig beugen und die Arme waagerecht nach vorne strecken. Unterschenkel können auf einer Bank oder einem Stuhl liegen. Oberkörper langsam anheben und die Hände zu den Füßen drücken.

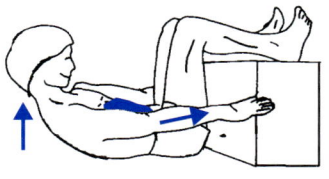

A

2. B Gleiche Grundstellung – mit gekreuzten Armen vor dem Körper.

B

2. C Gleiche Grundstellung – Oberkörper aufrichten, dabei zunächst die rechte Schulter vom Boden lösen und die Hände am linken Oberschenkel vorbeiführen. Zurück in die Ausgangslage, dann die linke Schulter vom Boden lösen und die Hände am rechten Oberschenkel vorbeiführen. **Dies ist die schwierigste, aber wirkungsvollste Übung für die schrägen Bauchmuskeln!**

2. D Gleiche Grundstellung – Arme seitwärts legen. Beine leicht geöffnet. Die Knie nach rechts und links möglichst bis zum Boden führen, aber nicht ablegen.

2. E Beine anwinkeln und Arme neben dem Körper fest auf den Boden pressen. Oberschenkel in Richtung Brustkorb ziehen und das Gesäß von Boden heben und 20 Sekunden halten. Beim Absenken des Gesäßes Wirbel für Wirbel langsam abrollen.

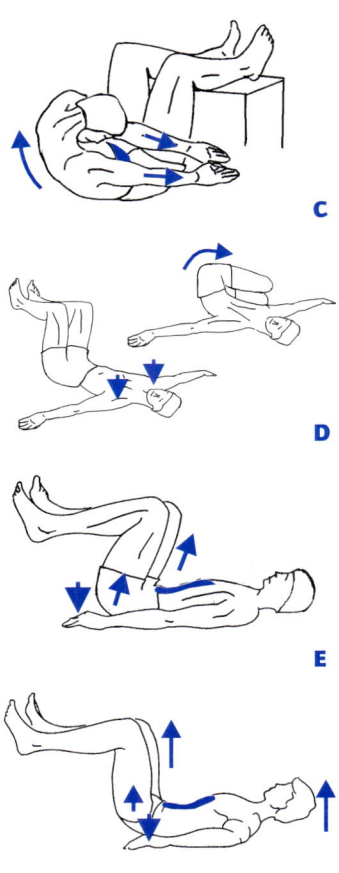

2. F Knie- und Hüftgelenke rechtwinklig beugen und die Arme neben dem Körper fest auf den Boden pressen. Kopf leicht anheben und Knie nach oben führen, ohne dass sich die Oberschenkel in Richtung Brust bewegen. Das Gesäß sollte vom Boden gelöst werden. Möglichst 20 Sekunden halten.

2. G Gleiche Grundstellung –
Handflächen mit dem
Handrücken zum Boden.

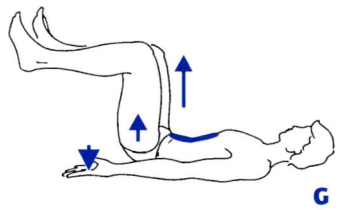

G

*Die Übungen 1A, 1E, 1G-1I, 2A-2G stammen aus dem Buch „Funktio-
nelles Bewegungstraining" LENHART, P./W. SEIBERT, Sportinform-
Verlag, 2. Auflage (1991) bzw. wurden leicht modifiziert.
Die Übungen 1B-1D, 1F entstammen dem seminarbegleitenden Lehr-
material: Sport – Gesunaheit – Ernährung des Deutschen Leichtathle-
tik-Verbandes.*

11 Weiterführende Literatur

AIGNER, A. (Hrsg.): Sportmedizin in der Praxis. Springer-Verlag, Berlin (1986).

BENNER, K. U.: Atlas der Anatomie. Bertermünz Verlag Augsburg (1997).

BÖNING, D.: Muskelkater – Ursachen, Vorbeugen, Behandlung. In: Dtsch. Z. Sportmed. Sonderheft 1988, 4-7.

BÖNING, D.: Muskelkater. In: Dtsch. Z. Sportmed. 2/2000, 63-64.

DIEM, C.: Ozon – oben zu wenig, unten zu viel. In: Triathlon & Duathlon 3/1994, 53-54.

DIEM, C. J.: Der Laufschuh – das wichtigste Kleidungsstück der Läufer. In: Krankengymnastik 2/1998, 258-271.

DIEM, C. J.: Rendezvous zum Sport (20 Jahre LAUF-TREFF). In: CONDITION 10-11/94, 34-37.

DIEM, C. J.: Muskelkater – Was ist das?. In: CONDITION 3/00, 14-15.

DIEM, C. J.: Das Anfangstempo ist entscheidend. In: CONDITION 1/1985, 24-25.

DIEM, C. J./ W. SCHWEBEL: Gesundheitsförderung durch Lauftherapie – Welche Möglichkeiten bietet der LAUF-TREFF? Hilf dir selbst: Laufe. Alexander Weber (Hrsg.), 100-114, Jungfermann Verlag, Paderborn (1999).

GABRIEL, H./W. KINDERMANN: Immunsystem und körperliche Belastung: Was ist gesichert? In: Dtsch. Z. Sportmed. Sonderheft 1/1998, 93-99.

HARTMANN, S./P. BUNG/P. PLATTEN/R. ROST Sport und Schwangerschaft. In: Dtsch. Z. Sportmed. 7-8/1997, 282-289.

HECK, H./A. MADER/R. MÜLLER/W. HOLLMANN: Laktatschwellen und Trainingsteuerun. In: Dtsch. Z. Sportmed., Sonderheft 1996, 72-78.

HECK, H./P. ROSSKOPF: Die Laktat-Leistungsdiagnostik – valider ohne Schwellenkonzepte. In: TW Sport+Medizin 5/1993, 344-352.

HESSISCHES MINISTERIUM FÜR JUGEND, FAMILIE UND GESUNDHEIT: Ozon. Referat Presse und Öffentlichkeitsarbeit Wiesbaden (1992).

HOLLMANN, W.: Lebensverlängerung durch sportliche Aktivität. In: Spektrum der Wissenschaft 10/1987, 22-28.

HOLLMANN, W./T. HETTINGER: Sportmedizin – Arbeits- und Trainingsgrundlagen. 3. Aufl. (Studienausgabe), Schattauer Verlag, Stuttgart (1990).

HOLLMANN, W.: Ozon: ein Sportkiller. In: Die Fitmacher 3/93, 5.

ISRAEL, S./J. FREIWALD/M. ENGELHARDT: Zielgerichteter Alterssport – Kraft an erster Stelle. In: TW Sport+Medizin 6/1995, 367-374.

JANSSEN, P. G.: Ausdauertraining – Trainingssteuerung über die HF- und Milchsäurebestimmung. In: Beiträge zur Sportmedizin, Bd 34, Perimed Fachbuch-Verlag, Erlangen (1989).

KLEINMANN, D.: Laufen – Sportmedizinische Grundlagen, Trainingslehre und Risikoprophylaxe. Schattauer Verlagsgesellschaft, Stuttgart (1996).

KNEBEL, K. P.: Fitnessgymnastik. rororo-Sport 8636, Reinbeck (1991).

LIESEN, H./W. HOLLMANN: Ausdauersport und Stoffwechsel – insbesondere beim älteren Menschen. Wissenschaftliche Schriftenreihe des DSB, Bd. 14, Verlag Karl Hofmann, Schondorf (1981).

MARÉES, H. de: Sportphysiologie. 8. Aufl., Sport & Buch Strauß, Köln (1996).

MARKWORTH, P.: Sportmedizin – Physiologische Grundlagen. rororo Sport 17049, Rowolth Taschenbuch Verlag, Reinbeck (1998).

NEUMANN, G.: Marathon, eine Stoffwechsel-Disziplin. In: Spiridon 7/1990, 19-22.

NEUMANN, G.: Laktatorientiertes Ausdauertraining – Grenzen erkennen, valide Möglichkeiten nutzen. In: TW Sport+Medizin 6/1993, 417-424.

NEUMANN, G.: Regeneration, welchen Wert haben Erholungsphasen für den Sportler? In: Sports Care 3/1997, 2-3.

NIGG, B.: Biomechanics of running shoes. Human Kinetics Publisher, Champain/Illinois (1986).

PESSENHOFER, H. /G. SCHWBERGER/P. SCHMID: Zur Bestimmung des individuellen aerob-anaeroben Übergangs. In: Dtsch. Z. Sportmed. 1/1981, 15-17.

PETERS, C./C. MUCHA/H. MICHNA/H. LÖTZERICH: Vergleichende Untersuchung zum Immunstatus trainierter und untrainierter Junioren und Senioren. In: Dtsch. Z. Sportmed. Sonderheft 1/1998, 111-114,

REINHARDT, L/K. G. WUSTER: Sportliche Belastung bei einer Schwangerschaft. In: Dtsch. Z. Sportmed. 46 Nr. 2, S. 132-133 (1995),

SCHLEMMER, W./M. SCHMITT: Sportmedizin und Pharmazie. Wiss. Verl.-Ges., Stuttgart (1990)

SCHMIDT, M./A. KLÜMPER: Basisgymnastik für Jedermann, Reba-Verlag, Darmstadt (1989).

SCHNACK, G.: Intensivstretching und Ausgleichsgymnastik. Deutscher Ärzte-Verlag Köln (1992).

SCHULZ, H./F. MÜLLER/A. FROMME/H. HECK: Die Belastungsintensität bei Freizeitläufern. In: Dtsch. Z. Sportmed. 7-8/1997, 270-273.

SHEPHARD, R. J./P. N. SHEK: Richtig dosiertes Training – auch im Alter eine Hilfe für das Immunsystem. In: Dtsch. Z. Sportmed. 5/1995, 283.

SIMON, G./A. BERG/H. H. DICKHUTH/A. SIMON-ALT/J. KEUL: Bestimmung der anaeroben Schwelle in Abhängigkeit vom Alter und von der Leistungsfähigkeit. In: Dtsch. Z. Sportmed. 1/1981, 7-14.

TITTEL, K: Beschreibende und funktionelle Anatomie des Menschen. 8. Aufl. (1978), VEB Fischer Verlag, Jena.

UHLENBRUCK, G./D. LAGERSTROM/P. PLATEN: Gesundheitsorientiertes Ausdauertraining. Medice – Iserlon, Echo-Verlags-GmbH, Köln (1994).

WEBER, A.: „Ich fühle mich unglaublich wohl" – Warum Läufer laufen. In: Herz & Gesundheit 4/1981, 17-19,

WILLMES, K. P.: Ozon-Diskussion – Die Panikmache ist unverantwortlich. In: Aktiv-Wirtschaftszeitung Hessen Nr. 9, 20.08.94.

WOLPERT, W./G. BECKER: Der Einfluss muskulärer Dysbalancen auf die Verletzungsanfälligkeit. In: Krankengymnastik 8/1997, 1311-1316.